Le politicien, le marabout-féticheur et le griot dans les romans d'Ahmadou Kourouma

Joseph NDINDA

Le politicien, le marabout-féticheur et le griot dans les romans d'Ahmadou Kourouma

L'Harmattan

Du même auteur

Voyage trans-temporel ou le retour vers le futur dans L'arrière pays mental *de Fernando d'Almeida,* Douala, Les Cahiers de l'estuaire, Coll. Thot, Juin 2001

Révolutions et femmes en révolution, Paris, L'Harmattan, 2002

5-7, rue de l'Ecole-Polytechnique, 75005 Paris

http://www.librairieharmattan.com
diffusion.harmattan@wanadoo.fr
harmattan1@wanadoo.fr

ISBN : 978-2-296-54300-3
EAN : 9782296543003

AVANT PROPOS

Ahmadou Kourouma se voulait un témoin de son temps. En plus des problèmes d'ordre esthétique, il avait le souci d'évoquer des aspects des réalités africaines qui posaient problème par rapport à l'évolution du continent. Dès son premier roman, il mettait déjà au jour la problématique des dérives des hommes de pouvoir. Au fil de ses œuvres, il est systématiquement revenu dessus avec des personnages hauts en couleur qui s'entourent d'une catégorie de personnes qui négocient encore aujourd'hui leur insertion dans une société de plus en plus rationaliste, de plus en plus modernes. Depuis *Les Soleils des indépendances* jusqu'à *Allah n'est pas obligé*, l'influence de ce type de personnages sur les autres est allée grandissante. Nous nous sommes demandés pourquoi Ahmadou Kourouma accentue les traits et les rôles de ces personnages dans ses textes. Les féticheurs, les marabouts, les sorciers et les griots, puisqu'il s'agit d'eux, ont attiré notre attention dans ces textes qui font ressortir les liens réels et symboliques qui les unissent aux hommes de pouvoir, en qui ils font naître la mégalomanie et la soif d'une éternité illusoire.

Nous nous sommes dit qu'il y avait là matière à réflexion, surtout que cette question trouve un écho dans l'observation de la gestion du pouvoir en Afrique. En effet, dans notre environnement, il ne se passe pas un jour sans que l'on évoque, soit dans les faits divers, soit dans la rumeur ou même à travers des informations plus ou moins crédibles, les accointances que les hommes politiques ont avec le magique et le religieux. C'est ainsi que l'inflation du personnage du marabout, du féticheur ou du sorcier dans les romans de notre auteur nous a amené à esquisser une démarche qui pourra se nourrir d'autres recherches sur le sujet, surtout qu'il suscite toujours maintes interrogations.

Nous espérons que ce modeste ouvrage donnera quelques pistes de réflexion à propos d'une thématique et d'une préoccupation qui interpelle l'imaginaire des uns et des autres par rapport à ce qu'il est convenu d'appeler les pouvoirs sorciers, ainsi que l'exprimait déjà un titre de la revue *Politique africaine*.

Nous en profitons pour remercier le Pr Hamadou Adama du Département d'Histoire de la Faculté des Lettres de l'Université de Ngaoundéré qui nous a fait une heureuse suggestion pour la composition définitive du titre de cet ouvrage. Nous tenons aussi à remercier M. Bindi Ngouté Lucien pour l'aide documentaire et logistique qu'il nous a apporté.

INTRODUCTION

L'Afrique dans son évolution a connu de nombreux problèmes qui, pour la plupart, restent d'actualité. La traite négrière et la colonisation ont causé beaucoup de dégâts et marquent encore l'imaginaire et les mémoires collectives. Il faut noter que les Occidentaux ont procédé, durant ces périodes, à la fétichisation de leurs personnes et de leurs institutions. Le mythe du Blanc tout puissant et invincible naît ainsi, accentuant les croyances magico-religieuses qui étaient déjà vivaces dans les mémoires spirituelles africaines.

La période post-indépendante en Afrique voit, dans la plupart des pays, des individus qui, presque tous ont subis le lavage de cerveau colonial. Pour se fabriquer une personnalité, les nouveaux dirigeants africains mettent en place des processus propagandistes qui sont les modèles hypertrophiés de la fétichisation du pouvoir héritée de la colonisation et associée aux perceptions culturelles africaines. La fabrication du mythe du " Père de la Nation", du "Grand Timonier" ou du "Grand Camarade" s'accompagne de procédures de mystification des populations.

Le foisonnement des romanciers qui ont dénoncé et décrit cette situation l'atteste. Des écrivains comme Mongo Béti, Alioum Fantouré, V.Y. Mudimbe, Chinua Achebe, Tierno Monenembo ou Ahmadou Kourouma ont, dans leurs œuvres, présenté la réalité africaine sous toutes ses coutures. En ce qui concerne le dernier auteur, son premier roman intitulé *Les Soleils des Indépendances* défraie la chronique dans les années 1970. Le roman présente les bouleversements que connaît la fictive République des Ébènes au lendemain des indépendances. Il y a destruction des structures traditionnelles suite à l'irruption et à l'imposition des nouveaux discours de la colonisation et plus tard de l'élite. Ce livre montre aussi une société traditionnelle qui s'accroche malgré tout aux mythes, croyances et pratiques magico-religieuses, qui ne semblent plus opératoires dans le nouveau contexte de l'Afrique post-indépendante.

S'agissant de la structure de l'imaginaire africain à travers ses mythes et les pratiques magico-religieuses, beaucoup y ont vu la cause principale des difficultés que connaît l'Afrique. Il faut souligner que de manière générale, les sociétés traditionnelles africaines étaient presque essentiellement animistes avant l'arrivée des religions révélées chrétienne et islamique[1]. Le problème se présente aujourd'hui avec plus d'acuité car les pratiques magico-religieuses ont même atteint les sphères de décisions. L'obscurantisme qui accompagne la mise en place des nouveaux pouvoirs en Afrique a mystifié les pratiques politiques, au point que pour le commun des individus, seuls les grands initiés peuvent intégrer l'arène des batailles pour le pouvoir[2].

Les membres des orthodoxies régnantes récupèrent, dans la plupart des cas, les mythes et les légendes du terroir pour se fabriquer une personnalité hors norme. Ces pratiques supposent aussi l'utilisation des fétiches, des talismans qui ont pour but de protéger l'individu contre certaines attaques extérieures en assurant ainsi son

---

1. Voir Hubert Deschamps, *Les Religions d'Afrique noire*, Paris, PUF, 1956.
2. Voir Peter Geschiere, Sorcellerie *et politique en Afrique*, Paris, Karthala, 1995.

épanouissement. Bien évidemment, il y a fusion de la magie et de la religion, d'où le syncrétisme qui en résulte.

Dès lors, nous nous demandons quels rapports les détenteurs du pouvoir entretiennent avec les pratiques magico-religieuses. Dans un monde qui louvoie entre le rationalisme et l'irrationnel, quelle place accorder aux pratiques magico-religieuses dans l'exercice du pouvoir politique ? Quels sont les mécanismes mis en place par les maîtres temporels pour asseoir leur pouvoir au point de s'y éterniser ? Quelles sont les conséquences de telles pratiques sur les détenteurs du pouvoir politique, et sur les peuples qu'ils dirigent ? Voilà autant de questions qui nous ont amenées à étudier "Le politicien, le marabout et le griot" dans les œuvres d'Ahmadou Kourouma. De son premier roman à l'avant dernier[3], l'auteur a toujours mis en exergue ces rapports que les détenteurs du pouvoir, qu'il soit traditionnel ou institutionnel, ont avec les pratiques magico-religieuses de toutes sortes.

A plusieurs occasions, Ahmadou Kourouma a eu à affirmer qu'il ne croit pas aux prétendus pouvoirs des marabouts et autres féticheurs, sinon, les Africains n'auraient pas connu successivement l'esclavage et la colonisation.

La présence obsédante de ces pratiques dans les textes de Kourouma montre bien qu'elles existent et qu'elles constituent le socle de certains pouvoirs. Il s'agit pour

---

3. Notre étude sera basée sur l'ensemble de ses romans à l'exclusion de *Quand on refuse on dit non* pour une raison simple. Ce dernier roman ne pose pas de manière directe les éléments de notre thématique. Les romans étudiés seront référencés ainsi qu'il suit : *Les Soleils des indépendances* : SDI ; *Monnè, outrages et défis* : Monnè ; *En attendant le vote des bêtes sauvages* : VBS ; *Allah n'est pas obligé* : APO.

nous de dégager les modalités de fonctionnement de ces pratiques, et d'expliquer pourquoi, malgré leur inefficacité certaine pour l'amélioration du sort des individus, elles continuent à avoir de l'emprise sur les mentalités collectives des personnages. En effet, les acteurs politiques de tous bords que nous analyserons dans les œuvres de Kourouma, n'hésitent pas à utiliser les instruments de la spiritualité et de la religion pour subjuguer ceux et celles qu'ils veulent dominer ou circonvenir. La magie et la religion deviennent alors consubstantielles au fonctionnement de l'appareil d'État.

Il est évident que dans les romans de Kourouma, les individus ont des représentations mentales qui déterminent leur manière d'être dans la société. L'imaginaire collectif qui s'élabore ainsi à partir de la mise en place de structures symboliques et religieuses joue à la fois sur le cynisme des gouvernants, et sur la crédulité des peuples.

Le millénarisme qui est aussi à la base de la fabrication des images de "l'homme providentiel" montre que les politiques jouent sur les attentes des masses, sur leurs espoirs.

Il sera aussi nécessaire de voir les influences conscientes ou inconscientes que le milieu exerce sur la psychologie des personnages. Notre travail s'articule sur quatre chapitres. Le premier intitulé "Les conceptions magico-religieuses du pouvoir" montrera qu'à travers les croyances et les pratiques, les individus font reposer tous les aspects de leur vie sur les totems, les fétiches. Nous y examinerons la croyance en la toute puissance des ancêtres, aux pouvoirs magiques des statuaires et surtout, analyserons les personnages qui constituent l'essence et les piliers du pouvoir.

Dans le deuxième chapitre, "Le pouvoir et l'initiation", nous ferons ressortir comment le parcours des personnages fait l'objet d'une initiation multiforme. Nous verrons qu'au niveau du clan, l'individu s'initie en s'imprégnant des pratiques fétichistes. Cette partie montrera aussi qu'au niveau politique, ceux des personnages qui deviennent des Chefs d'État s'initient aux subtilités dictatoriales du pouvoir, et s'attèlent à appliquer rigoureusement ces leçons lorsqu'ils accèdent à la magistrature suprême.

Le chapitre trois, "l'imaginaire collectif et les illusionnistes" tentera de faire une analyse critique des pouvoirs magico-religieux que détiendraient les dictateurs du roman. Cette partie pourra établir qu'en dehors des fétiches, des marabouts et devins utilisés, il y a aussi tout un mécanisme mis en place qui fait croire que le pouvoir relève entièrement des puissances occultes.

Et enfin le quatrième chapitre intitulé "Exorcisme, refétichisation et remythologisation" fera ressortir les bouleversements qui secouent la plupart des sociétés africaines dans le roman avec l'avènement de la démocratie dans les années 1990, ainsi que l'apparition de nouveaux fétiches. Nous verrons comment sont présentées dans les textes de Kourouma les motivations et les conséquences des Conférences nationales tant au niveau social que politique. En outre, il s'agira aussi d'établir que les textes d'Ahmadou Kourouma, à travers la mise en exergue des phénomènes occultes, posent un problème qui occupe encore une place importante dans les sociétés africaines.

Ce travail s'inscrit dans une démarche de relecture des textes d'un auteur qui a été porté au pinacle. En effet, au-delà du merveilleux qui parcourt ces récits, il s'agit de voir les illusions d'optique que provoque justement cette situation dans les mémoires collectives des personnages. Les prestidigitateurs politiques récupèrent les croyances, voire la crédulité populaire pour mieux imposer des machines institutionnelles, qui aujourd'hui encore, tuent les espoirs des populations africaines.

CHAPITRE I
LES CONCEPTIONS MAGICO-RELIGIEUSES DU POUVOIR

A – LES CROYANCES ET LES PRATIQUES

Dans la plupart des sociétés africaines, le fort attachement aux traditions est évident. Même si les différentes religions monothéistes (Christianisme, Islam) sont fortement ancrées dans les habitudes, il faut noter que de manière générale, celles-ci cohabitent avec des cultes, rituels et autres pratiques magico-religieuses issus des cultures africaines. Le syncrétisme dans les sociétés africaines se comprend car ici, l'on estime que Dieu est trop éloigné pour être facilement accessible. C'est pourquoi Hubert Deschamps, en ce qui concerne la conversion à l'Islam, écrit que « la conversion si facile ne change rien à la vie ; parfois on s'en tient là, le plus souvent une évolution se produit, une sorte de mélange de Paganisme et d'Islam » (Deschamps, 1965 : 93). Ainsi, les individus restent indissolublement liés aux croyances léguées par les ancêtres, et qui constituent le socle du fonctionnement de la société. La tendance à allier le visible et l'invisible est l'une des caractéristiques des sociétés africaines. En effet, « La symbolique africaine fait vivre le visible avec l'invisible, les vivants avec les morts, dans les figures d'un échange qui transforme la vie et ses surprises en un champ de signes » (Poupard, 1984 : 1640). Parmi les éléments du polythéisme qui cohabitent avec les religions révélées et monothéistes, le totémisme a une place de choix.

1 - Le totémisme

Le totémisme renvoie à un type hétérogène de relations entre l'individu ou le groupe d'une part et un animal, une plante ou un objet d'autre part. Cette notion implique la sacralisation et le culte de l'animal ou de la chose considérée. Dans l'œuvre de Kourouma, les individus sont particulièrement attachés aux totems.

Dès *Les Soleils des Indépendances*, Ahmadou Kourouma montre que le principe de fonctionnement socioreligieux des personnages est basé sur le syncrétisme. Les différentes postures, qui relèvent d'une sorte d'inculturation, guident les actes quotidiens des personnages. La prière de Fama en est un exemple. Celle qu'il exécute dans la mosquée est constituée de deux parties : l'aspiration légitime à une place au paradis est exprimée en langue arabe, tandis que la demande concernant la satisfaction des besoins vitaux et alimentaires est dite en malinké sur la même peau de prière (SDI, 26).

Ce type de comportement en induit un autre. Le fonctionnement des structures du pouvoir repose sur quatre éléments que Fama nous fait découvrir lorsqu'il rentre remplacer son cousin Lacina : « Donc, pour reconquérir son pouvoir, Fama possédait un sorcier, un griot, de l'argent, des appuis politiques » (SDI, 117). Il est vrai que l'enthousiasme n'y est plus, et que les appuis politiques qu'il évoque sont quasi inexistants. Mais nous constatons ici que le premier pilier du pouvoir dans ce contexte est tout d'abord le sorcier ou le marabout, peu importe le nom qui lui est donné. Encore que pour Kourouma, à la lecture de ses différents romans, le féticheur, le sorcier et le marabout représentent une seule et même réalité qui est celle de la manipulation de l'imaginaire collectif.

L'intégration du féticheur ou du marabout dans les structures du pouvoir fait partie d'une culture spécifique qui veut que le chef soit à la fois leader religieux et politique, gardien de l'ordre temporel. La transposition de cette structure s'effectue après les indépendances sur les nouvelles institutions de la république des Ébènes, mais sur un mode officieux. En effet, les structures du pouvoir, héritées de la colonisation, ne prévoient pas de statut institutionnel pour les marabouts et les féticheurs. Mais, cette catégorie de personnages existent, et ont une influence certaine dans le fonctionnement des groupes sociaux, et il faut bien les insérer quelque part.

Dans la structure traditionnelle que rappelle Fama, le féticheur ou le marabout intervient pour le bien-être de la communauté tout entière, même s'il sert un pouvoir. Le village fait appel à son expertise pour connaître soit les causes des malheurs qui surviennent, soit pour prévenir une catastrophe qui pourrait survenir. Le groupe effectue ainsi des sacrifices pour que la communauté traverse les turbulences sans grands dommages.

Seulement, puisque rien n'a été prévu pour leur insertion institutionnelle dans les nouvelles républiques, les marabouts et autres féticheurs vont intervenir dans la sphère privée. C'est ainsi que les relations se nouent entre les détenteurs du pouvoir, à quelque niveau qu'ils se trouvent, et cette catégorie d'individu qui est censée leur apporter protection et invincibilité.

Il y a là aux yeux de Fama une déviance qui explique les malheurs que les Malinkés vivent sous les soleils des indépendances. En effet, pour lui, à partir du moment où ceux qui exercent le pouvoir utilisent le marabout ou le féticheur à des fins personnelles, le pays tout entier ne peut que succomber aux catastrophes de divers ordres : guerres, famine, pauvreté endémique :

Où voyait-on le koma, l'hyène, le serpent ou le devin de la république des Ébènes ? Nulle part. Il demeurait bien connu que les dirigeants des soleils des indépendances consultaient très souvent le marabout, le sorcier, le devin ; mais pour qui le faisaient-ils et pourquoi ? Fama pouvait répondre, il le savait : ce n'était jamais pour la communauté, jamais pour le pays, ils consultaient toujours les sorciers pour eux-mêmes, pour affermir leur pouvoir, augmenter leur force, jeter un mauvais sort à l'ennemi (SDI, 163).

Dans l'imaginaire collectif, le détenteur du pouvoir digne de ce nom ne peut l'obtenir et le conserver qu'avec l'aide des marabouts, des fétiches et autres totems. La destinée du pays ne peut être impulsée qu'à partir des prédictions des structures divinatoires. L'influence des marabouts et des féticheurs étant grande dans les modalités de fonctionnement publiques et privées des détenteurs du pouvoir, le principe du surnaturel et de la mystification s'installe. Dans le processus de mystification, l'on voit s'élaborer des stratégies de fabrication de leaders charismatiques aux pouvoirs occultes plus ou moins vrais. Le chef lui-même sera mystifié parce qu'il finit par croire à tous les discours sur sa supposée invincibilité, et éternité, élaboré par son marabout ou son féticheur et chanté par son griot ou son propagandiste.

A partir du moment où la sphère sociopolitique est envahie par ces pratiques plus ou moins occultes, les modalités de fonctionnement individuel et collectif se basent sur des facteurs omniprésents dans l'imaginaire collectif et spirituel malinké. Ces facteurs sont entre autres le totémisme et les pratiques fétichistes.

Dans *Monnè, Outrages et Défis*, la dynastie des Keita dont Djigui est le chef régnant, a comme beaucoup d'autres, un totem. Dans cette famille, l'hippopotame est l'animal sacré et l'objet de vénération. Pour les Keita, cet animal au corps lourd et massif symbolise parfaitement l'ascendant qu'ils ont à Soba depuis des siècles : ils y détiennent les pouvoirs temporel et spirituel. Voilà pourquoi ils défendent farouchement leur territoire et surtout, font vivre leur peuple en vase clos. Par ailleurs Djigui Keita, le roi de Soba, clame toujours à l'occasion, et avec fierté, le nom de son totem ; ce qui a pour conséquence de décupler son courage, sa bravoure et surtout de l'amener à intérioriser pleinement le sens de l'honneur si cher à la famille. Lors de l'invasion de Soba par les troupes coloniales, le roi tel son double défendant son territoire, défie le général qui dirige l'opération :

Dis au Blanc que c'est contre eux, Nazaras, incirconcis, que nous bâtissons ce tata. Annonce que je suis un Keita, un authentique totem hippopotame, un musulman, un croyant qui mourra plutôt que de vivre dans l'irréligion [...]. Répète au Blanc que c'est par traîtrise que vous avez violé la ville de Soba. Rapporte que je le défie trois fois. Adjure le qu'en mâle dont l'entrejambe est sexué avec du rigide, il consente un instant à repasser la colline Kouroufi ; qu'il nous laisse le temps de nous poster (Monnè, 35-36).

Comme on peut le constater, il s'agit là de paroles d'un homme qui, surpris par l'intrusion d'une colonne militaire, en appelle à son totem. Le roi sait qu'un combat meurtrier à son désavantage est imminent, mais ayant totalement fait corps avec son totem, il crie son invincibilité. Il faut dire que le totem est aussi dans une certaine mesure un protecteur. Entre le détenteur du totem et l'animal ou l'objet vénéré, il s'instaure des liens de réciprocité. D'un côté, l'animal (ou le végétal, l'objet) est adoré et des libations sont constamment faites, et de l'autre l'individu bénéficie de la protection et même des caractéristiques du totem. En effet, les Keita adoptent les comportements de leur totem. La brutalité, l'éclat avec lequel Béma le fils de Djigui fait sa campagne électorale pour la députation est éloquente : « La campagne électorale pouvait commencer [...]. Béma entra dans la campagne électorale comme son totem l'hippopotame plonge dans le bief : de grands ploufs et plafs éclaboussèrent et secouèrent tout le pays ; des fromagers des volées de vautours et de gendarmes se levèrent » (Monnè, 233-234).

Béma mènera son action politique dans les insultes, les défis, les calomnies. Et même, certaines personnes trouveront la mort dans les secousses de ce mastodonte de la politique. Pour Béma qui prend la place de son père par la volonté des colons, la victoire est déjà acquise ; car il est inadmissible qu'il se fasse battre dans son fief alors que les Keita "authentiques totem hippopotame", maîtres après Dieu, sont aux affaires depuis des siècles. En outre, même dans la défaite, les Keita ne se départissent pas des agissements de leur animal sacré. A Soba comme nous l'avons vu, il y a des candidatures pour le poste de député à l'Assemblée Nationale française. Seulement, les campagnes électorales dégénèrent et se transforment en véritables pugilats. Des arrestations, des tueries deviennent le lot quotidien des populations. Dans cette atmosphère trouble, Béma veut à tout prix rallier son père à sa cause. Dès le départ, le vieillard choisit Touboug, un autre candidat. Malheureusement, dans le chaos qui s'installe, les partisans, taxés de communistes, sont arrêtés. Mais les manœuvres de Béma n'aboutissent à aucun résultat, et il opte pour une méthode qui a presque toujours fait ses preuves, à savoir le mensonge :

Le Centenaire ne le sut que le mercredi suivant, à deux semaines de la date fixée pour le grand meeting [...]. Une démarche inopinée de l'interprète le confirma. Il annonça le Commandant dont la voiture après la troisième prière s'arrêta devant le Bolloda

- Je viens, moi le commandant Lefort, comme Commissaire du gouverneur de la colonie vous féliciter et vous remercier au nom de la France. La signature de la déclaration, votre démission du parti anti-français sont des actes hautement sages et courageux. [...]

- Quelle déclaration ? Quel papier ? Qui l'a vu ? Qui l'a dit ? Ce sont des menteurs ! Des menteurs !

Le vieillard gémissait avec tout ce qui lui restait comme force :

- Monnè ! Monnè ! Intolérable monnè ! Odieux monnè ! et tomba en syncope (Monnè, 265-266).

Devant ces faits, Djigui Keita brandit la menace suprême, à savoir entrer vivant à Toukoro. Pénétrer dans cet espace est hautement significatif, car il s'agit du village sacré où les membres de la dynastie des Keita ne pénètrent pas de leur vivant, en dehors de leurs épouses qui viennent y achever leur vie. Accomplir un tel acte, signifie maudire la dynastie. En effet, la mise en pratique de cette décision marque la fin du règne de la famille, la fin du pouvoir à Soba. Il est clair qu'à partir de ce moment, les Keita n'auront plus quelque légitimité. Mais la menace ne suffit pas à amener Béma à démentir la prétendue signature du Centenaire et surtout, à demander pardon à son père. En vue de Toukoro, l'influence de son totem pousse encore Djigui à agir. Jusqu'à la dernière minute, le roi espère que son fils viendra. Seulement, il a déjà atteint la phase de non-retour qui n'admet plus aucune décision contraire à celle qui a été prise :

Le Centenaire pouvait tout se permettre, sauf retourner au Bolloda : le griot le lui rappela dans un poème inédit :

L'hippopotame s'envase trop profondément

pour revenir sur ses pas ;

La parole du noble est une montagne

elle ne se reprend pas ;

La mort est vertu quand la vie est monnè (Monnè, 269).

Mais l'acte ne pourra être accompli, car même Sogbê le cheval de Djigui refuse d'avancer, de lui obéir.

Nous constatons que jusqu'à l'arrivée des colons, des pratiques séculaires ont toujours cours. Depuis des générations, tous ceux qui sont de la lignée des Keita ont un même animal sacré.

A ce niveau, nous pouvons déjà voir que même lors des indépendances, les individus ne font pas abstraction de ces croyances, comme c'est le cas dans *Les Soleils des Indépendances*. Le héros Fama Doumbouya, est un prince qui, malgré sa déchéance, continue d'avoir confiance en son totem. Ce personnage a pour totem la panthère. C'est pourquoi il intègre les comportements de ce félin. Il reproduit la majesté, la souplesse de l'animal. Mais, ce prince sait aussi devenir fou furieux lorsqu'il est froissé. Dans la scène d'ouverture du roman, un griot commet l'erreur de mêler la lignée des Doumbouya, princes du Horodougou à celle des Keita. Cela a pour conséquence l'éclatement de la colère de Fama. Pour lui, « le fils des Doumbouya offensé et honni, totem panthère, panthère lui-même et qui ne sait pas dissimuler furie et colère » (SDI, 12) ne saurait être mêlé aux autres, surtout pas à un hippopotame.

Lorsqu'il prend la parole, le conditionnement totémique l'amène à s'exprimer non seulement sur le plan verbal, mais aussi par des hurlements significatifs : « Il dégagea sa gorge par un hurlement de panthère, se déplaça, ajusta le bonnet, descendit les manches du boubou, se pavana de sorte que partout on le vit, et se lança dans le palabre » (SDI, 13).

Même lorsqu'il va aux funérailles de son cousin Lacina, il ne manque pas de se comporter en totem-panthère. Colérique, il refuse de monter dans le camion de tête à l'autogare. Il injurie tout le monde, et voyant un accident causé par la camionnette qu'il aurait dû prendre, se félicite d'être monté dans la voiture du vieil Ouedraogo : « Ils partirent et dès la sortie de la capitale, Fama se félicita d'avoir à l'autogare découvert toutes ses canines de panthère de vrai Doumbouya » (SDI, 84).

L'arrivée au village est décrit par le narrateur comme une entrée en scène majestueuse, caractérisée par une démarche particulière : « Avec les pas souples de son totem-panthère, des gestes royaux et des saluts majestueux (dommage que le boubou ait été poussiéreux et froissé !) en tête d'une nuée de bambins, Fama atteignit la cour des aïeux Doumbouya » (SDI, 106). Pour un temps, Fama croit qu'un monde légitime a été restauré. Il redevient le chef qu'il n'a jamais cessé d'être dans son esprit. Il reçoit alors les actes d'allégeance sous le signe de son animal totem : « Et Fama trônait, se rengorgeait, se bombait. Regardait-il les salueurs ? A peine ! Ses paupières tombaient en vrai totem de panthère et les houmba ! jaillissaient » (SDI, 113).

Seulement, Fama Doumbouya connaît la déchéance en ville. Il en est réduit à mendier, à profiter des funérailles pour trouver sa pitance : « Fama Doumbouya ! Vrai Doumbouya, père Doumbouya, dernier et légitime descendant des princes Doumbouya du Horodougou, totem panthère, était un "vautour". Un prince Doumbouya ! Totem panthère faisait bande avec les hyènes. Ah ! les soleils des indépendances » (SDI, 9). On peut noter à ce niveau, le changement radical qui s'opère dans la vie du personnage. Les temps des indépendances ont métamorphosé la panthère en vautour, et Fama devient le compagnon des hyènes, animaux qui se repaissent de la charogne. La panthère, nous le savons est un fauve qui se nourrit de chair fraîche, tout comme chaque prince l'ayant pour totem naît dans « l'or, le manger, l'honneur et les femmes ! » (SDI, 10). Mais Fama devient un vautour, une hyène qui sont tous deux des animaux s'apparentant aux plantes saprophytes. Ils se nourrissent de restes, de pourritures, et surtout attendent patiemment que la décomposition de la chair finisse par décourager les autres animaux. Nous avons là une dévalorisation manifeste du totem des Doumbouya, puisque le personnage qui est censé posséder cette panthère ne reflète que les vestiges d'un passé révolu. Et c'est justement pourquoi Fama a toujours un comportement passéiste, d'où l'inadaptation du héros à la nouvelle donne sociale qui détruit systématiquement les structures de la chefferie traditionnelle. Si le héros fonctionne sur le mode d'un totémisme à rebours, il faut souligner que les personnages de *En Attendant le Vote des Bêtes Sauvages* orientent résolument leurs croyances vers le quotidien.

Dans ce roman, les individus fonctionnent par et à travers les animaux sacrés. En sacralisant un animal, ils en font un alter ego, un double qu'il convient de traiter avec respect et déférence, parfois au prix d'un lourd tribut. C'est pourquoi les paléos, la tribu des hommes nus sont obligés de faire des sacrifices au caïman sacré qui règne en maître dans le fleuve : « C'était un caïman qui chaque année happait une lavandière si on ne lui offrait pas avant la montée des nouvelles eaux un taurillon, une chèvre et un mouton. [...] C'était une terrible sujétion, un lourd tribut » (VBS, 69).

En Attendant le Vote des Bêtes Sauvages intègre le totémisme à tous les niveaux de la vie des personnages. Il faut déjà souligner que dans l'œuvre, tous les hommes de pouvoir ont des animaux sacrés. Koyaga a le faucon comme totem ; Nkoutigui l'homme en blanc, le lièvre ; Bossouma l'empereur, la hyène pour ne citer que ceux-là. Il faut dire qu'ils vouent un véritable culte à ces animaux. Tiékoroni l'homme au totem caïman, le maître de la République des Ébènes accorde plus d'importance à ses caïmans totems qu'aux individus. Les citoyens qui sont relégués au second plan, croupissent dans la paupérisation tandis que les animaux sont traités avec tous les égards possibles :

Dans le souci de combler de munificences les animaux de son terroir natal, il s'est montré - comme il se doit pour des totems - particulièrement généreux pour les caïmans. Il a fait pêcher, dans toutes les rivières environnantes de toute la région, tous les sauriens. Il leur a construit un lac de marbre. Dans ce lac, ils bénéficient de trois repas quotidiens que beaucoup de citoyens de sa république ne connaîtront jamais au cours du prochain siècle (VBS, 175).

Le lien entre l'animal sacralisé et l'individu est tellement fort, que le détenteur du totem intègre toutes les caractéristiques de l'animal. Par le phénomène d'empathie, les détenteurs du verbe réunissent toutes les particularités de leur totem. Nkoutigui l'homme en blanc, le Président de la République des Monts a pour animal sacré le lièvre. Dans son pays il aime s'entendre dire qu'il est le meilleur mari de la République. Seulement, à bien y regarder, c'est un individu d'une lubricité hors du commun ; en témoigne le nombre impressionnant de maîtresses qu'il a. Il est tellement porté sur le sexe que les veuves des condamnés à mort ne sont pas épargnées (VBS, 156). Lorsqu'on estime la quantité de personnes qui sont envoyées régulièrement au poteau d'exécution, l'on comprend que son totem justifie pleinement ses agissements. En effet, dans la symbolique animale, le lièvre ou le lapin est étroitement lié à la femme, à la libido. C'est pourquoi Nadia Julien souligne : « Leur incroyable faculté de procréation fait du lièvre et du lapin des symboles de **fécondité** et de la puissance fécondante de la lune, qui régit [...] le cycle menstruel de la femme. [...] Mais **sexualité** et **incontinence** font également partie de l'interprétation symbolique de ces animaux à sang chaud » (Julien, 1997, 192-193).

Le Président de la République du Grand Fleuve est fortement lié au léopard. C'est pourquoi, il a toujours sur lui quelque objet en peau de léopard (chapeau, chaussures...) pour faire corps avec son totem. D'ailleurs, la peau de cette bête est un des attributs du pouvoir : « L'homme au totem léopard ne devait plus sortir sans ses attributs de chef : la peau de léopard et la canne d'ivoire au pommeau en or massif » (VBS, 228). Mais, les rapports ne s'arrêtent pas à ce niveau. Le comportement même du personnage reflète aussi les caractères de l'animal totem. La plupart du temps, il laisse transparaître sa cruauté et la violence avec laquelle il traite les individus. Tout comme pour l'animal fétiche, ce comportement prend de l'ampleur lors des nuits de clair de lune. Dans ce déchaînement, sa femme est la première victime :

Mais les nuits de clair de lune, il se fait rattraper par son comportement, il devient féroce comme un fauve, féroce comme son totem. Une de ces nuits, il entre en furie, en force et par fracas dans son Annette. Pour un rien, une poussière de querelle de ménage. Il la cogne des poings, de sa canne. Il lui fracture un bras. Elle crie :

- J'attends un bébé

-Justement, je vais t'en débarrasser, réplique son époux. Il lui fait expulser le fœtus d'un coup de soulier (VBS, 234).

En transposant ce comportement dans la sphère du pouvoir, l'on mesure la gravité de tous les maux qu'il installe dans son pays. Il s'agit d'un régime régi par la violence gratuite et qui vise la destruction de tous ceux et celles qui contrecarrent ses désirs.

Un autre chef d'État, en l'occurrence Bossouma, l'homme au totem hyène, fait aussi corps avec les particularités de l'animal, la désinvolture, la grossièreté, le manque de savoir-vivre deviennent des leitmotive : « Il [l'empereur] se précipita et vous embrassa chaudement et bruyamment sur la bouche. Sa langue et ses lèvres piquetaient, elles puaient le miasme de l'anus d'une hyène. Il méritait bien son nom de Bossouma. (Bossouma signifie en langue malinké puanteur de pet) » (VBS, 195).

Koyaga lui, a pour totem le faucon. Ce volatile est un oiseau de proie, un rapace. Il se caractérise par la rapidité avec laquelle il fond sur sa victime et surtout par son acharnement, son opiniâtreté à ne jamais lâcher sa proie. Koyaga ne fera que suivre ce modèle. Dans sa jeunesse, il acquiert une réputation de bagarreur qui laisse toujours des marques sur ses victimes. Son passage à l'école des enfants de troupe de Kati au Soudan français ne fait que confirmer cet état de choses, au vue de l'attitude qu'il a envers ceux qui le provoquent : « Les provocateurs furent terrassés ; chacun se releva avec un membre fracturé et le surveillant général qui avait tenté de s'interposer s'éloigna avec la mâchoire abîmée » (VBS, 26). Plus tard, lorsqu'il devient Président de la République, le personnage intègre la rapacité de son totem. Tous ceux qui se mettent en travers de son chemin sont systématiquement broyés. C'est pourquoi les instigateurs des coups d'État sont traqués jusque dans leur dernier retranchement. Lorsque le commandant Tacho son beau-frère, et le capitaine Sama son gendre ourdissent un attentat contre lui, il ne leur laisse aucun répit, si ce n'est lorsqu'il les sait morts :

Officiellement, le commandant Tacho, dans sa fuite après l'attentat, provoque un accident de circulation. Il est grièvement blessé. Évacué sans connaissance sur une clinique. Des chirurgiens l'opèrent. […] Mais voilà : moins d'une demi-heure après, comme dans un mauvais film policier, des hommes en blouses blanches investissent la clinique. De dessous leurs blouses sortent des mitraillettes, ils maîtrisent chirurgiens et infirmières, achèvent le blessé et l'émasculent (VBS, 286).

Le capitaine Sama lui, sera retrouvé au fond d'une lagune avec une grosse pierre attachée aux pieds. La brutalité, la férocité de Koyaga est d'autant plus prononcée qu'il a avec lui des individus qui sont ses âmes damnées. Son totem se double de l'image des lycaons qui constituent sa garde rapprochée. C'est pourquoi la conquête du pouvoir se fera dans une atmosphère de folie meurtrière et d'ivresse de sang : « C'est à pied que Koyaga se rendit à la maison de la radio. Il était délirant, fumant, soûl de colère et de sang [...] Autour de Koyaga, ivres également du fumet de sang, frétillait une meute de lycaons. Lycaon signifie chien sauvage. Ils étaient aussi assassins, criminels que leur chef » (VBS, 112).

Par ailleurs, il est aussi important de souligner que la mort du totem équivaut presque toujours à celle de son double humain. Et, le meurtre d'un animal totem obéit à certains rites qu'il faut suivre si l'on ne veut pas être soi-même tué. Dans le récit fantastique des exploits de Koyaga, le grand chasseur paléo coupe systématiquement la queue de l'animal et l'enfonce dans la gueule de ce dernier. En voici l'explication : « En plantant la fin de la tête (la queue) dans son commencement (la gueule), tous les Nyamas étaient condamnés à rester, à continuer à tourner en circuit fermé dans les restes de la bête » (VBS, 66). Les Nyamas étant considérés ici comme une force immanente, « un pouvoir ou une influence non physique et en un sens surnaturel » (Poupard, 1984 : 1018). Cet acte est très important car comme le souligne Hubert. Deschamps : « Tous les animaux ont, comme les hommes, le double principe spirituel, ni et dya. Le Nyama des animaux de la brousse poursuit le chasseur qui les a tués ; il faut des rites spéciaux pour les capturer » (Deschamps, 1965 : 22). En somme, nous constatons que dans *En Attendant le Vote des Bêtes Sauvages*, les individus font reposer leur vie sur les totems qui constituent leur double. Le même constat peut être fait au niveau des pratiques fétichistes qui, à un certain niveau, rejoignent le totémisme.

2 - Les pratiques fétichistes

Un fétiche est généralement un objet auquel l'on prête un pouvoir magique et bénéfique. Albert de Surgy dit que les fétiches sont des « objets rituellement fabriqués, consacrés, puis entretenus selon des règles précises, dont quiconque peut par achat se procurer une réplique. Ils sont destinés non pas à honorer Dieu et à s'effacer devant lui, mais à capter et à maîtriser au profit des hommes des forces subtiles ou surnaturelles » (De Surgy, 1994 : 15). Contrairement donc aux objets cultuels et rituels qui sont spécifiques à un groupe ou à une famille, le fétiche peut être fabriqué par n'importe quelle personne maîtrisant (ou ne maîtrisant pas nécessairement) les savoirs ésotériques, et être acheté ou donné à toute personne qui le désire. De manière générale, l'objet-fétiche est censé avoir le pouvoir de protéger contre le sort et les ennemis, de porter bonheur. L'œuvre d'Ahmadou Kourouma regorge de personnes résolument attachées aux pratiques fétichistes.

Ces pratiques se doublent du totémisme. *Le dictionnaire des religions* précise que « le totem (terme algonquin) est un animal ou un végétal, parfois un phénomène naturel, associé à la vie d'un groupe (clan, classe d'âge, fratrie) à la façon d'un ancêtre, objet de crainte, de révérence, de culte » (Vidal, 1984 : 1712). L'un des aspects du totémisme est l'empathie qui s'établit entre l'individu et l'animal ou l'objet totem. En plus des totems en qui les individus estiment trouver du réconfort, de la protection, de la force, il y a aussi une pléthore d'autres pratiques qui contribuent à asseoir l'osmose entre l'individu et l'invisible. Tout d'abord, il faut noter que ce sont des féticheurs qui ont l'habitude de manipuler les écorces, les objets sacrificiels, et autres incantations visant à inverser l'ordre naturel des choses. L'une des modalités majeures de ces pratiques est le sacrifice rituel, qui se perçoit, dans les textes d'Ahmadou Kourouma, sous diverses formes.

Dans son premier roman, Ahmadou Kourouma met déjà en exergue les pratiques fétichistes. Nous avons remarqué qu'au plan institutionnel, le féticheur occupe dans la structure traditionnelle une place importante et influente. Il est l'oracle, celui qui lit l'avenir, élabore des stratégies mystiques pour conjurer les malheurs qui peuvent s'abattre sur la tribu ou la communauté. Le narrateur rappelle que le fétiche Koma cohabite avec l'Islam chez les Malinkés : « Chaque harmattan, le koma dansait sur la place publique pour dévoiler l'avenir et indiquer les sacrifices. Et quel village Malinké n'a-t-il pas ses propres devins ? Togobala, capitale de tout le Horodougou entretenait deux oracles : une hyène et un serpent boa » (SDI, 161).

Fama se souvient ainsi qu'en un vendredi de 1919, le boa baptisé le Révérend indique les malheurs qui s'abattront sur le pays. Des sacrifices lui sont offerts afin que le malheur soit conjuré. La tournure des événements qui surviennent est, dans l'esprit de Fama, la résultante des sacrifices consentis : « Et les résultats furent heureux car trois lunes après arriva la calamité annoncée […] A Togobala, il y eut des morts et des enterrements ; mais le village survécu et cela grâce aux devins, grâce au boa, grâce aux sacrifices et dans la volonté du miséricordieux » (SDI, 162-163).

Ces pratiques se retrouvent dans *Monnè, Outrages et Défis*. Il faut noter que le roman commence par une cérémonie sacrificielle dès la première page. Dans l'œuvre, les individus ont une profonde vénération pour les mânes des ancêtres et tout ce qui les symbolise. En cas de problèmes au niveau de la société, les gens de Soba par exemple consultent toujours les ancêtres. Lorsque Djigui constate que le mandingue est en pleine déliquescence, et que la dynastie des Keita est en danger, il s'adresse à ses défunts pères en qui il a confiance. Il décide alors de faire des sacrifices :

"Du sang, toutes sortes de sangs ! Des sacrifices, toutes sortes de sacrifices !" Les sbires comprirent ; il manquait des sacrifices humains. Ils descendirent dans les quartiers périphériques, enlevèrent trois albinos et les égorgèrent sur les autels sénoufos des bois sacrés environnants Ce fut une faute. Le fumet du sang humain se mêla à celui des bêtes et troubla l'univers. Les charognards enivrés piquèrent sur les sacrificateurs affolés et le roi stupéfait s'écria : « Arrêtez, arrêtez les couteaux » (Monnè, 13).

Seulement, toute cette orgie sacrificielle n'est pas agrée par les mânes. Même si les sacrifices ne sont pas toujours efficaces, l'essentiel est d'accomplir un rituel nécessaire aux yeux des détenteurs du pouvoir et aux yeux du peuple. Pour eux, les adorations, les immolations peuvent les aider à résoudre les problèmes rencontrés dans la vie courante. C'est la raison pour laquelle ils croient écarter le malheur à coup de sacrifices lorsque les colons sont annoncés :

Les marabouts et les sorciers de Soba allèrent immoler sur les pierres et les murs du tata des moutons, des bœufs, des poulets et même un nain et un albinos. Dans les ultimes tressaillements des victimes, les devins lurent que les sacrifices étaient acceptés. Les heureux augures furent confirmés par les cris et les vols de charognards et par le brutal changement de sens des souffles des vents (Monnè, 32-33).

A première vue, le narrateur signale que les sacrifices humains semblent être des sacrifices de trop qui viennent troubler l'ordre de l'univers. Les violences sacrificielles exercées sur les êtres humains seraient un cran au-dessus des sacrifices animaux qui ont été fait jusque-là, sans que les mânes des ancêtres les exaucent.

Il n'en est rien lorsque nous analysons les sacrifices rituels qui sont exécutés lors des funérailles de Lacina dans *Les Soleils des indépendances*. Un être humain est parti au pays des ancêtres. En plus, il était chef. Ceux qui restent doivent exécuter des sacrifices dignes du disparu. Le narrateur explique ainsi les exigences des sacrifices lors du quarantième jour : « Parce que quarante jours exactement après la sépulture les morts reçoivent l'arrivant mais ne lui cèdent une place et des bras hospitaliers que s'ils sont tous ivres de sang. Donc rien ne peut être plus bénéfique pour le partant que de tuer, de beaucoup tuer à l'occasion du quarantième jour » (SDI, 143).

Dans un contexte de famine généralisée, les sacrifices des funérailles de Lacina s'assimilent à un carnage. Or symboliquement, le sang est symbole de vie, et enivre ceux qui le voient couler. Les quatre bœufs, ainsi que les autres petits animaux égorgés provoquent le même désordre dans l'univers que ce qui est raconté dans *Monnè* : « L'enchaînement ne pouvait être endigué. Les chiens s'enragèrent et chargèrent [...] Prompt au combat, tous les Malinkés assis se précipitèrent, s'organisèrent et à coup de bâton se défendirent avec succès contre les crocs de la meute » (SDI, 147). Les chiens qui ne peuvent pas accéder au sang versé et à la viande se retournent contre eux-mêmes et s'entredéchirent dans des aboiements d'enfer. Mais il n'y a pas que les chiens. Les grands oiseaux prédateurs sont à l'affût, et les officiants doivent, après les chiens, repousser les attaques de la gent ailée :

La deuxième victoire des hommes fut remportée sur les charognards. Réveillés et affolés par le sang, les charognards tapissèrent tout le ciel et assombrirent le jour. Dans des cris sauvages, aigles et éperviers se détachaient par escadrilles, becs et serres en avant, et par des piqués audacieux jetèrent l'effroi et la panique dans la cérémonie. Les Malinké contre-attaquèrent et vainquirent [...] Il fallait en finir, parce que les gens étaient épuisés et le déchaînement des animaux et des choses devenaient impétueux (SDI, 147-148).

Comme nous le constatons, peu importe que les sacrifices soient humains ou animaux. Dans le fond, il n'y a pas de grandes différences, il n'y a même pas de différences, puisque le principe de substitution fonctionne ici, comme le remarque René Girard :

Dans une étude générale du sacrifice, il n'y a aucune raison de séparer les victimes humaines des victimes animales. Si le principe de la substitution sacrificielle est fondé sur la ressemblance entre les victimes actuelles et les victimes potentielles, il n'y a pas à craindre que cette condition ne soit pas remplie quand c'est à des êtres humains qu'on a affaire dans les deux cas. Il n'est pas étonnant que des sociétés aient entrepris de systématiser l'immolation de certaines catégories d'êtres humains afin de protéger d'autres catégories (Girard, 1998 : 21-22).

Dans l'imaginaire malinké, les sacrifices humains semblent être des sacrifices suprêmes, différents des autres. Mais lorsqu'on examine la pratique, nous constatons que le choix des personnes à sacrifier correspond bien à une catégorie précise. Il s'agit en général de personnes dont le sacrifice n'appelle aucun esprit de vengeance. Les personnes à sacrifier appartiennent à la catégorie des exclus : « Il y a les prisonniers de guerre, il y a les esclaves, il y a les enfants et les adolescents non mariés, il y a les individus handicapés, les déchets de la société » (Girard, 1998 : 24). Dans le cas de *Monnè*, les personnes sacrifiées sont les albinos et les nains. Dans l'imaginaire collectif des Malinkés, et de beaucoup de peuples d'Afrique, les albinos sont une erreur de la nature et sont de parfaites victimes rituelles. Il en va de même du nain qui est un handicapé. Voilà pourquoi, afin de se protéger de l'avancée des conquérants, les marabouts et les sacrificateurs prescrivent d'immoler les animaux et les humains sur les murs de fortification.

Mais tous ces sacrifices ne serviront à rien. Les colons conquièrent Soba sans coup férir. Durant la mise en place du système d'exploitation coloniale, les gens de Soba continuent avec les sacrifices sanglants. C'est ainsi que le roi Djigui, avec ses devins décident d'exécuter le grand sacrifice. Face à la violence des réquisitions et des travaux forcés, le peuple de Soba est exsangue et à bout de souffle. Pour résoudre le problème, seul ce type de sacrifice est nécessaire : « Jamais il ne l'aurait encore tenté si les sorciers, marabouts, devins et sorciers (sic) n'avaient pas été unanimes : « Il ne reste que le grand sacrifice pour sauver le peuple et le pays de Soba, pour annihiler les travaux forcés et la colonisation nazaréenne »(Monnè, 91). Le grand sacrifice n'empêche pas non plus la machine d'exploitation coloniale de fonctionner à plein régime.

L'inflation des sacrifices violents en période coloniale trouve une explication dans le démembrement de l'autorité indigène. Les populations sont désemparées par la perte de l'ordonnancement antérieur, en l'espèce caractérisé par l'autorité du chef, du roi et des notables. Le roi à travers sa puissance rectifiait le destin et repoussait tous les dangers qui menaçaient sa communauté. Mais il n'arrive plus à libérer son peuple des souffrances infligées par les français. Le fétichisme, avec ses corollaires qui sont les sacrifices sanglants deviennent les seules réponses pour conjurer une situation de violence quotidienne.

Dans cette inflation fétichiste et sacrificatoire, les marabouts, les devins et les sorciers jouent un rôle prépondérant. Ils détiennent le savoir et le pouvoir de lire et prédire l'avenir. Malheureusement, dans le contexte des œuvres de Kourouma, en période coloniale, aucune prescription sacrificielle n'est efficace. La croyance en la toute puissance des fétiches provoque un hiatus entre l'imaginaire ancestral et la réalité historique.

Pour les habitants de Soba, l'adoration des fétiches permet de déjouer efficacement le sort et de rectifier le destin des hommes. Djigui et son peuple vivent dans un syncrétisme très poussé. A leur avis, les sacrifices, les prières permettent d'écarter tous les malheurs qui pourraient s'abattre sur le royaume. Par ailleurs, les prophéties occupent aussi une place essentielle, car elles annoncent toujours l'avenir et ce qu'il faut faire dans une situation donnée. C'est par ce canal que depuis des siècles, la lignée des Keita attend l'arrivée d'un messager qu'il faudra maîtriser avant qu'il ne prononce un mot si Soba veut écarter le grand malheur qui a été prédit. Les principes à appliquer sont difficiles et constituent tout un programme (Monnè, 18). L'on comprend aisément pourquoi l'annonce de l'arrivée des colons laisse Djigui Keita le roi indifférent. Pour lui, il faut réussir à reconstituer les effets dispersés du messager pour éviter que les malheurs annoncés ne se réalisent.

Le peuple intériorise alors le sentiment d'invulnérabilité, d'invincibilité car il se sait protégé par Dieu et les mânes des ancêtres. Et Djigui, voyant le Mandingue menacé et par ricochet son pouvoir à travers un rêve, s'en remet à Allah étant donné que les sacrifices n'ont pas été acceptés. Par de longues séances de prières, Djigui estime avoir rectifié le destin du Mandingue :

> Tout le monde pria. Toute la journée, toute la nuit. Quelques instants avant les premiers chants du coq, Djigui et plusieurs savants marabouts entendirent distinctement : "la pérennité est acquise... Acquise à la dynastie des Keita. Elle régnera sur Soba tant qu'une seule case de la ville tiendra debout...Acquise... debout. Acquise... Une case debout (Monnè, 14).

La croyance en l'invincibilité qui est véhiculée à travers l'imaginaire collectif a de profondes racines à Soba. C'est pourquoi Djigui pense que les fétiches enterrés autour de la ville, les nombreux sacrifices faits aux mânes des ancêtres et surtout les longues séances de prières mettent Soba à l'abri de toute conquête. A ce niveau, la colline Kouroufi est le lieu par excellence des pratiques fétichistes visant à empêcher les colons de s'emparer de la ville. Dans cet espace, les fétiches sont dissimulés dans huit cent quatre-vingt-huit trous différents creusés à l'occasion. A bien y regarder, il s'agit d'un chiffre hautement symbolique. Il faut souligner avec Nadia Julien que le huit est « le nombre de l'ordre cosmique » (Julien, 1997 : 165). Les habitants de Soba ont pour objectif de rétablir l'ordre naturel des choses qui a été perturbé par les envahisseurs. Et, ce n'est qu'en alignant le chiffre huit qu'on pourrait atteindre la plénitude, la totalité : «Cette totalité, c'est l'équilibre final, résultat de l'évolution, c'est-à-dire l'état d'affranchissement de la répercussion fatale des actes » (Julien, 1997 : 166).

Seulement, les fétiches, les sacrifices n'ont pas toujours les effets escomptés. Nous avons vu que Djigui est parfois obligé de se réfugier dans la prière. Lorsque l'arrivée des troupes du Général Faidherbe est annoncée, Djigui Keita n'est pas perturbé. Il décide de construire un immense mur ou *tata* devant protéger la ville puisque de toutes les manières, il est impossible pour l'ennemi de passer par la colline Kouroufi pleine de sortilèges. Mais c'est ignorer la détermination des colons de faire du Mandingue un pré carré français :

Oui ! Djigui nez à nez avec une vraie colonne française. Les nazaréens étaient entrés à Soba par la colline Kouroufi, par Kouroufi truffée de sortilèges ! Ils l'avaient escaladée comme s'enjambent le seuil de la case et les cuisses d'une femme déhontée ; s'étaient emparés de l'arsenal. Sans tirer un seul coup de fusil ! Sans faire hurler un chien ! Sans tuer un poussin ! Sans effarer une seule poule couvant ses œufs (Monnè, 35).

Les Français profitent justement de l'imaginaire des gens de Soba pour s'emparer de la ville. Un imaginaire qui conforte les individus dans un sentiment de sécurité absolue. L'on observe à peu près la même situation dans le premier roman d'Ahmadou Kourouma.

Dans cette œuvre, les personnages vivent en permanence dans la dualité spirituelle. Fama Doumbouya est musulman pratiquant, mais il a un féticheur en la personne de Balla. Il en est de même de Salimata qui consulte régulièrement les féticheurs et les marabouts afin de concevoir un enfant. Il est important de souligner que c'est une caractéristique essentielle des sociétés africaines en général, et de celle malinké en particulier. Le narrateur résume parfaitement cet état des choses :

Mais la fausseté ! Les Malinkés ont la duplicité parce qu'ils ont l'intérieur plus noir que leur peau et les dires plus blancs que leurs dents. Sont-ce des féticheurs ? Sont-ce des musulmans ? Le musulman écoute le Coran, le féticheur suit le Koma ; mais à Togobala, aux yeux de tout le monde, tout le monde se dit et respire musulman, seul chacun craint le fétiche (SDI, 108).

Fama Doumbouya, à la mort de son cousin Lacina décide de rentrer au village reprendre le trône. Seulement, bien des choses ont changé depuis la période coloniale. Le pays croule sous une misère innommable, en plus de la sécheresse qui décime tout. Mais le dernier des Doumbouya a encore, malgré tout, quelques fidèles. Il s'agit de Diamourou le griot et de Balla le féticheur. C'est ainsi qu'avant que Fama n'intègre la maison royale, Balla fait force sacrifices et incantations. Ce personnage est véritablement le bras armé du pouvoir. Il est certes regardé avec mépris car étant non musulman. Mais il est tout aussi craint à cause des pouvoirs qu'il détiendrait. C'est pourquoi dans la plupart des cas, la religion devient un vernis pour beaucoup puisque les gens n'hésitent pas à consulter, ce qui est à l'avantage de Balla :

Fétichiste parmi les Malinké musulmans, il devint le plus riche, le plus craint, le mieux nourri. Vous le connaissez bien : les Malinkés ont beaucoup de méchancetés et Allah se fatigue d'assouvir leur malveillance ; beaucoup de malheurs, et Allah s'excède à les guérir, de les soulager. Alors au refus d'Allah, à son insuccès devant un sort indomptable, le Malinké court au fétiche, court à Balla. Le fétiche frappe, même parfois tue. Et le malveillant client de Balla paie et sacrifie aux fétiches ; la victime aussi, ou ses héritiers, pour arrêter la destruction d'un sort maléfique accroché à la famille (SDI, 115-116).

Il est dès lors facile d'imaginer le rôle que devra jouer Balla dans la reconquête du pouvoir. Il s'agit de réutiliser des méthodes de gestion qui ont fait leurs preuves. Ces pratiques ne s'arrêtent pas au niveau du pouvoir traditionnel. Même ceux qui gèrent les affaires du pays font appel aux services des féticheurs et autres marabouts.

Dans le cas d'espèce, la réputation d'Abdoulaye est assez édifiante. Il est « marabout pour député, ministre, ambassadeur et autres puissants » (SDI, 66). L'on comprend la raison pour laquelle les dictateurs africains sont généralement trempés dans ces pratiques. La consultation des devins, des marabouts, des féticheurs devient une pratique essentielle liée au comportement des hommes de pouvoir.

En attendant le vote des bêtes sauvages présente le phénomène. Les individus essaient presque toujours de rectifier leur destin. C'est le cas de la société des hommes-panthères qui, à l'origine était chargée de faire des sacrifices pour assurer l'équilibre du groupe: « A l'origine, l'institution des hommes-panthères servait pour des rites religieux et des sacrifices humains destinés à attirer la bienveillance des dieux et des crânes des ancêtres » (VBS, 42). Seulement, dans l'œuvre, la société en question connaît des dérives liées aux rancunes et haines personnelles (VBS, 43). Le culte rendu aux ancêtres est aussi une pratique courante dans l'œuvre. C'est pourquoi les hommes mettent un point d'honneur à les consulter chaque fois qu'ils sont en difficulté. L'acceptation ou le refus du sacrifice se lit à travers la position de l'animal immolé : « Les prières, chants et musiques se poursuivent tant que la victime se bat contre la mort en se traînant, en lançant les pattes, en tentant de secouer la tête. Ils s'arrêtent et crient leur joie si la bête expire dans le sang les pattes en l'air » (VBS, 303).

Dans l'œuvre, les individus sont tellement ancrés dans ces pratiques qu'ils en arrivent même à sacrifier les êtres humains pour asseoir leur pouvoir temporel. Voilà pourquoi Nkoutigui, l'homme au totem-lièvre, sous le prétexte de « préserver l'Afrique d'un avenir capitaliste, la sauver de l'exploitation de l'homme par l'homme » (VBS, 164) décide de verser du sang humain : « Il fallait mieux faire que Tiékoroni, accomplir des sacrifices humains. [...] Le 18 octobre à l'aube, l'homme en blanc fit fusiller les 71 codétenus de Maclédio » (VBS, 164). Par ailleurs, dans l'œuvre, les personnages portent presque toujours des gris-gris qui sont censés assurer leur protection. Koyaga lors de la conquête du pouvoir, fait des incantations, se charge de talismans et s'entoure de nombreux féticheurs. Même dans la vie de tous les jours, les maîtres du pouvoir sont toujours affublés d'objets fétichistes. C'est pourquoi le narrateur dit à propos de Nkoutigui et Tiékoroni : « Ils cachaient toujours tous les deux sous leurs déguisements respectifs les gris-gris protecteurs des marabouts-féticheurs. [...] Ils étaient tous les deux foncièrement animistes » (VBS, 162). L'homme au totem-léopard va plus loin dans l'utilisation des fétiches. Tout d'abord, il a un fournisseur en marabouts et beaucoup d'experts en affaires occultes. Toutes ses actions, tous ses déplacements sont conditionnés par les fétiches : « Le dictateur ne se déplace jamais sans une valise de fétiches. Chaque marabout augmente la collection de ses porte-bonheur » (VBS, 230-231).

Les différents détenteurs du verbe accordent d'autant plus d'importance aux fétiches que leur disparition ou leur vol s'assimile à un sacrilège, au chaos. A partir du cas des Bamiléké, le narrateur projette cet exemple sur tous les Bantous : « Les Bamilékés sont des Bantous. Comme tout chef bantou, le Bamiléké Foundoing tenait son pouvoir politique, social et mystique des crânes des ancêtres que ses walis adoraient une fois par semaine par des libations de vin et des onctions d'huile de palme » (VBS, 128). De fait, le vol des crânes perpétré par Maclédio pour échapper à une mort certaine est un sacrilège qui remet en cause tout le pouvoir du chef, compromet l'avenir de la dynastie et par là la structure sociale : « Maclédio avait violé le sanctuaire, emporté le crâne des anciens ! Des reliques qu'un étranger ne devrait pas toucher... C'était la pire des catastrophes pour le chef ! Pour toute la dynastie ! Pour tout le pays ! » (VBS, 129). Maclédio pourra échapper aux guerriers, car les reliques "prises en otage" suscitent la terreur chez les Bamilékés qui ne peuvent les toucher si l'on n'est initié : « Vous saviez que tant que vous teniez solidement le sac macabre aucun Bamiléké dans le monde n'oserait vous agresser » (VBS, 129). La force de l'imaginaire, des croyances est si ancrée chez ces individus que la perte du fétiche suffit à les fragiliser, à les rendre vulnérables face aux agissements des hommes et aux forces cachées du cosmos. Là est le principe de base de fonctionnement de la société dans *En Attendant le Vote des Bêtes Sauvages*. L'homme ne se définit que par rapport aux symboles qui sont les embrayeurs du monde invisible et font vivre l'expérience du sacré à la société entière. En effet, « un ensemble de symboles cosmiques et oniriques, prêts à s'émouvoir, relie l'univers des choses et des animaux, fonde la société et son ordre, anime les formes collectives d'une conscience d'exister, fait lever l'expérience du divin à travers le sacré » (Poupard, 1984 : 1640). Dès lors l'on comprend pourquoi les dictateurs comme Koyaga accordent une place prépondérante aux marabouts et autres féticheurs. C'est ainsi que tous ceux qui entretiennent des rapports avec l'invisible deviennent le socle de son pouvoir.

B- LES QUATRE INCARNATIONS DU POUVOIR

Comme nous l'avons évoqué plus haut, il existe des individus qui sont les médiateurs entre le visible et l'invisible. De manière générale, ils sont supposés être au-dessus du commun des mortels, car la manipulation des forces mystiques est l'apanage des initiés, des élus. C'est pourquoi ces individus occupent une place importante dans les sphères de décision. C'est le cas du roi ou du président, de la mère ou de l'épouse du détenteur du pouvoir, du féticheur-marabout-sorcier, et enfin du griot et du spécialiste de la propagande. Dans la structure du pouvoir, le roi ou le président en constitue l'axe central. Dans une sphère très intime et rapprochée, nous avons la mère ou l'épouse préférée qui ont une très grande influence sur les décisions que prend le roi ou le président. Dans le cadre institutionnel, le griot et le propagandiste occupent une place de choix. Ils sont chargés du panégyrique du roi ou du président. Le marabout, le féticheur ou le sorcier sont des personnages à la limite marginaux à cause des pouvoirs qu'ils détiennent. Ils constituent le côté obscur du pouvoir du roi ou du président, et sont généralement les exécuteurs des basses œuvres magiques.

1- Le roi, le président

Le roi ou le président sont des individus qui incarnent le pouvoir absolu dans les textes de Kourouma, et qui aux yeux de leurs populations, tirent leur aura des forces invisibles. Djigui par exemple est un chef respectable et respecté. Il est le guide spirituel de Soba et de ce fait, le garant de la stabilité de la communauté. C'est pourquoi même lorsque les colons s'installent, il a encore une influence certaine. L'administration coloniale est consciente du poids que représente le descendant des Keita. L'écarter du trône pourrait provoquer des soulèvements populaires. Si le centenaire suscite crainte et respect, c'est aussi parce qu'on lui attribue des pouvoirs surnaturels. Lorsqu'on sait que les gens de Soba sont très portés sur la chose magico-religieuse, il est aisé d'imaginer toutes les conséquences que peut avoir une mise à l'écart du chef. Il est le porte-parole de la tradition, il incarne l'expérience. Il interprète aussi les signes du monde. C'est le gardien des valeurs ancestrales dans un monde résolument tourné vers la civilisation occidentale.

Étant roi, Djigui met en place un mécanisme de gestion du pouvoir fait d'informateurs, d'exécuteurs. La narration de Fadoua le sicaire de Djigui, nous permet de comprendre les mécanismes qui sous-tendent la gestion du pouvoir. Il est le grand sacrificateur, le bras droit et aussi l'exécuteur des basses besognes du roi, car il élimine systématiquement ceux qui contestent le pouvoir de Djigui ou qui critiquent les aspects de la colonisation qui vont dans le sens des intérêts du roi (Monnè, 173-174). C'est pourquoi Djigui est craint. La terreur, les menaces amènent les individus à se taire et à subir. Mais à Soba, le roi incarne aussi les aspirations de tout un peuple. Il est toujours au premier plan lorsque des questions importantes se posent. A ce moment, il canalise les croyances des habitants vers le Très-Haut :

> De la nef, il organisa et dirigea lui-même une messe qui, par la participation de tous les habitants, devint une prière collective de toute la ville, de tous les pays de Soba. [...] Les signes et les ombres de Sa présence devinrent si évidents que Djigui se leva de sa natte de prière et murmura : "Allah est toujours à nos côtés" (Monnè, 24-25).

De fait, Djigui sait qu'il dirige non seulement un pays, mais aussi, tel Atlas, porte sur ses épaules, le destin de tout un peuple. A Soba, il est un être hors du commun, un visionnaire qui peut contrecarrer les caprices du sort (Monnè, 17). En plus des fétiches et de l'adoration des mânes des ancêtres, le roi fait toujours une expérience profonde de la prière qui lui permet de se rapprocher de Dieu et de sentir le poids des bénédictions divines : « Il poussa un puissant bissimilaï, souffla et se sentit un autre, eut l'impression que rien ne saurait lui résister, que tout était à sa portée comme s'il était couvert d'une carapace et possédait la terre ; jamais il ne s'était senti aussi grand, aussi lourd » (Monnè, 90). Cette puissance fait du personnage un être traité avec déférence. Et, le poids de l'âge aidant, le roi s'apparente de plus en plus à un saint. L'appellation "le Centenaire" est particulièrement évocatrice. Selon le peuple, Djigui n'est plus un homme ordinaire ; il a largement dépassé l'espérance de vie d'un homme normal car à Soba, on n'est plus homme à partir d'un certain âge : « Oui, il avait changé. Les vautours évitaient de le survoler. Les soleils ne se couchaient pas pour lui [...]. Pour eux, Djigui avait cent vingt-cinq ans, pas un de moins. Cent vingt-cinq, âge fatidique maximal qu'aucun humain chez nous ne doit dépasser » (Monnè, 98). L'on voit bien que Djigui est tout un symbole. Il représente la gloire d'antan du pays, l'immobilisme d'un passé que les gens de Soba ne veulent pas faire passer, ne veulent pas laisser vieillir malgré le temps qui passe. Il incarne encore la solidité, la robustesse des Keita, mais aussi la figure parfaite de l'être qui ne dialogue plus avec les mortels ; un être d'esprit qui détient les pouvoirs surnaturels qui le rapprochent curieusement du Christ :

Djigui traversait la place. Les aveugles, les lépreux et sommeilleux qui attendaient le long du passage le pressèrent ; certains tentèrent de se coucher sous ses pieds. Les inhumains sicaires voulurent les faire reculer avec des chicottes. Djigui, miséricordieux, arrêta les frappeurs dans l'action, s'approcha des malheureux, les consola, les aima comme Allah le recommande, attoucha les plaies suppurantes des lépreux, caressa les visages purulents des aveugles, se pencha sur les grabataires, les paralytiques et les impotents en récitant des versets ésotériques (Monnè, 96).

Le nom qui est donné à Djigui devient une marque profonde de vénération, de crainte. A Soba ce stade de la vie fait de l'individu un être à part. Djigui devient médium ; il est le pont entre le visible et l'invisible. Mais en plus, son dialogue permanent avec le Très-Haut fait de lui un saint investi d'un pouvoir de transfiguration de la réalité, un homme capable de soulager toutes les peines humaines :

Ses paroles éloignaient les criquets, rendaient fécondes les femmes stériles, ruinaient et appauvrissaient les orgueilleux et les impudents. Il devint immense comme la savane du Djoliba et parut, plus que tout autre, avoir recueilli des bénédictions, avoir été, plus que tout autre, lavé contre les mauvais sorts [...] Il voulut devenir le guérisseur, aussitôt ses salives apparurent chaudes et heureuses. Les lépreux, sommeilleux, aveugles et impotents qui, le jour du grand sacrifice avaient recueilli les crachats de Djigui, les avaient léchés ou s'en étaient frotté les parties morbides, se levèrent et furent surpris de se voir guéris (Monnè, 98-99).

Il devient évident que même lors de l'invasion des colons, il sera difficile d'écarter complètement ce personnage des affaires car comme nous l'avons dit, il est le symbole de toute une communauté. Djigui Keita incarne donc le pouvoir total, puisqu'il maîtrise à la fois les forces diurnes et nocturnes. Il est le chef du visible et de l'invisible.

2- L'épouse et la mère

Parmi ceux qui exercent une influence notable sur le roi ou le président, sur les plans intimes, privés et parfois et magiques, se trouvent en bonne place l'épouse qui est ici la préférée, ou la mère.

Pour ce qui est de l'épouse, nous prendrons le cas de Moussokoro, la préférée de Djigui. Elle est décrite comme étant une femme au physique agréable (Monnè, 131, 149). Occupant une position particulière dans le harem, elle y entre aussi de façon singulière.

Moussokoro devient la femme du roi de Soba bien avant sa naissance. Ayant par un acte de bravoure sauvé de la noyade la mère de cette dernière, il a une promesse ferme des parents : si l'enfant qu'attend la femme d'Abdoulaye Diawara accouche d'une fille, ce sera l'épouse de Djigui.

Malheureusement au cours de la nuit nuptiale, Djigui constate que la femme n'est plus vierge. Ce qui dans le contexte est une injure grave faite au roi. Il n'y a qu'une seule solution en pareille situation : la mort. Mais Djigui décide d'envoyer discrètement la fautive à Toukoro, le village saint qui accueille les rois Keita morts. Ce lieu sert aussi de dernier refuge aux veuves qui continuent à prier pour le repos de l'âme de leurs époux. Se retrouver dans ce lieu signifie y finir ses jours lorsqu'on est l'épouse du roi. En clair Moussokoro, malgré sa jeunesse, est condamnée à rester à Toukoro. D'ailleurs, elle remercie Djigui dans ses prières car elle sait que la faute commise lui ôte de facto la vie.

Dans cet espace, la jeune femme acquiert un grand savoir. Mais déjà avec son père qui est un marabout dont la renommée a dépassé les frontières du royaume,

Moussokoro est mise dans le secret des savoirs ésotériques : « Le père Diawara grand marabout et magicien, apprit la sorcellerie et le Coran à sa fille, par trois fois elle passa l'examen de récitation du Livre et le réussit » (Monnè, 130). A Toukoro, elle doit s'occuper de la vieille Saran qui, comme les autres, femmes vit de prières dirigées par l'Almamy Ibrahima, un saint homme. Moussokoro perfectionne son savoir, car les femmes dont elle a la charge sont aussi versées dans les choses paranormales :

> Saran lui prodigua de chaudes bénédictions et lui légua en expirant ses biens et ses ultimes secrets dans la sorcellerie et la magie. Après Saran, volontairement, elle se mit au service de trois prieures qui étaient abandonnées. Avec un égal dévouement, une égale gentillesse soigna les trois à la fois. Nuit et jours elle était à la tâche et ne s'arrêtait que pour prier Allah. Ces trois prieures la bénirent abondamment, moururent toutes les trois dans ses bras. En expirant, chacune lui légua ses plus profondes recettes dans la sorcellerie du jour et de la nuit, dans la médication et la magie. Dans tout le Mandingue, il est connu que rien ne vaut les bénédictions d'une prieure de Toukoro. Moussokoro gagna donc en savoir, en force magique et en science (Monnè, 146).

C'est par un heureux concours de circonstances que la jeune femme quitte la ville sainte. L'Almamy dans ses séances de divinations remarque qu'elle a un destin hors du commun ; celui qui l'aura comme épouse connaîtra « la richesse, la gloire, la longévité, même le pouvoir et la chance, l'honneur » (Monnè, 146). Le retour à Soba est une conquête, ou plutôt une reconquête pour Moussokoro. Son objectif est d'être la préférée du roi. Dans cette optique, elle met à contribution tout son savoir :

Elle était arrivée le matin même à la demande du roi. Le troisième jour, elle fut appelée et eut sa première nuit. Elle la prépara bien, ayant sans cesse en tête les paroles de sa mère : "Un homme se possède et se tient au lit. La vraie préférée pour un homme, ce n'est pas celle qui l'est par les institutions mais celle qui le tient au lit " (Monnè, 147-148).

Moussokoro n'hésite pas, dès la première nuit avec Djigui, à le subjuguer sur le plan sexuel. Peu à peu, la jeune femme s'impose à la cour et c'est ainsi qu'elle conquiert définitivement Djigui Keita. Elle devient un maillon essentiel du pouvoir car elle est toujours en amont quand il faut prendre des décisions. La force de Moussokoro vient de ses compétences intellectuelles. Comme nous l'avons déjà vu, elle maîtrise les textes sacrés et lit le Coran dans le texte. Ce qui n'est pas le cas des autres femmes qui sont toutes incultes et analphabètes. La jeune femme est une érudite que Djigui surprend un soir en train de lire. A partir de là, le roi fait d'elle une confidente et surtout sa conseillère spéciale :

Djigui prit l'habitude le soir d'interroger Moussokoro sur la conformité de ses décisions avec les préceptes du Coran : il le ferait tout le reste de sa vie. Il l'interrogea une fois sur la valeur des prophéties des devins officiels : toute la vie il continua. Elle lui proposa après les repas officiels, des petits plats : cela devint une tradition. Un soir, après avoir officiellement honoré la nuit des épouses appelées, il vint dormir chez Moussokoro : cette pratique s'institutionnalisa (Monnè, 148).

Moussokoro aura un fils avec Djigui. Et le fait que celui-ci se retrouve brutalement aîné de tous les fils du Roi fait jaser plus d'un. En effet, Béma a des grands frères. Cela signifie qu'il est d'office écarté de la succession.

Mais les décès successifs des héritiers présomptifs amèneront beaucoup à la considérer comme une manipulatrice, une femme maléfique qui n'hésite pas à tuer les autres afin que son enfant soit le seul héritier du trône :

Les fautes les plus graves reprochées à Moussokoro furent les manigances dont elle usa pour faire de son fils le successeur du roi [...] Elle assassina par toutes sortes de maléfices, envoûtement, empoisonnement à l'élixir du foie de caïman, enchantement les quatre aînés et colla le travers irrachetable de ne pouvoir tenir sa ceinture au cinquième, qu'elle ne put tuer à cause des dures décoctions avec lesquelles celui-ci avait été lavé dès l'enfance (Monnè, 152).

Quels que soient les points de vue du peuple, Moussokoro devient la favorite, même s'il est officiellement dit qu'une étrangère ne saurait être la préférée. Elle s'impose à tous les niveaux. Sa façon de s'habiller, sa générosité deviennent un modèle à Soba. Elle est étroitement associée aux affaires du royaume et c'est pourquoi le peuple lui prête des pouvoirs fétichistes.

Dans *En Attendant le Vote des Bêtes Sauvages* d'Ahmadou Kourouma, la mère du dictateur qui a pour totem le faucon joue aussi un rôle important dans la gestion du pouvoir. Il est déjà important de remarquer que sa jeunesse est quelque peu exceptionnelle. Tout d'abord, elle est belle et courageuse : « Jamais plus les montagnards ne connaîtront une femme qui égale Nadjouma. Elle était belle - elle reste belle - elle était courageuse - elle reste courageuse » (VBS, 39). Et de plus, dans la montagne des paléos, la tribu des hommes nus, elle est une championne de lutte : « Elle fut la championne de lutte des filles des montagnes et elle mourra sans qu'aucune femme réussisse à mettre sa nuque par terre » (VBS, 39). La jeune femme perd son mari qui a été emprisonné et torturé par les colons à Ramaka. Celle-ci, tout au long du calvaire de Tchao son mari, restera chez Kaboré, un infirmier Mossi qui a pour femmes cinq sœurs paléos, de la tribu des hommes nus. C'est tout naturellement que Nadjouma y trouvera refuge et sera traitée avec tous les égards dus à la femme d'un champion de lutte initiatique. La mort de son époux dans les geôles coloniales amènera la famille Kaboré à respecter la coutume qui est de mise chez les paléos :

Les coutumes des hommes nus commandent à la veuve éplorée de passer la nuit de l'enterrement de son époux dans les bras d'un homme, d'un consolateur. Généreusement les cinq sœurs prêtèrent leur époux à leur hôtesse pour satisfaire l'obligation. C'était aussi manifester à Nadjouma le suprême des honneurs que des montagnardes femmes réservent à une grande amie : la glisser dans le lit de leur époux (VBS, 45-46).

Mais, l'habitude aidant, Kaboré voudra prendre la jeune femme comme sixième épouse. Seulement, la demande en mariage qu'il formule à Nadjouma déclenche chez cette dernière une crise de folie qui la plonge dans le coma. Plus tard, Bokano établira qu'elle est la femme du génie de la divination et qu'il est important qu'elle respecte certains interdits. Le marabout lui révélera aussi d'autres facettes de sa personnalité. En effet, Bokano lui découvre certains dons qui la hissent au-dessus du commun des mortels. Tout comme le marabout, elle est une élue, un être à part : « A certains signes, le marabout s'était aperçu que la patiente était une bienheureuse ; une élue. Elle était née avec les dons de la divination, était possédée par le génie de la divination, le Fa » (VBS, 57). Ces signes sont la confirmation du caractère sacré de sa personne. Nous avons vu qu'elle a un rapport étroit avec le génie de la divination. En réalité, il se révèle qu'elle est son épouse. C'est pourquoi Bokano se charge de l'initier aux savoirs ésotériques qu'elle possède de manière inconsciente et qu'elle ne maîtrise pas encore :

Le marabout allait la retenir quelques mois dans sa ferme pour l'instruire dans la divination de la géomancie. Il énonça les nombreux interdits que la possédée, l'épouse du génie de la divination devait observer. Elle devait rester chaste. Ses partenaires risqueraient à chaque instant la colère vengeresse du génie et elle-même pourrait tomber dans une transe dont elle ne se relèverait pas si elle ne s'abstenait pas de toute relation sexuelle (VBS, 57-58).

Étant une élue des dieux, l'itinéraire initiatique de Nadjouma se déroulera d'autant plus aisément que l'art de la divination et de la géomancie est l'apanage d'une catégorie restreinte d'individus. Le mythe de la création de l'univers justifie cet état de choses. Allah ayant achevé Son œuvre, constate plus tard que la terre est infestée de menteurs, d'hypocrites qui sèment le mal et la désolation. C'est pourquoi, dans Son infinie bonté, Il décide de préserver cette « géomancie [qui] était descendue du ciel aussitôt après la création de l'univers » (VBS, 58). Ainsi, Il la mettra uniquement à la disposition des êtres à part : « Mais fallait-il se résoudre à laisser tous les hommes, même les sages, à la discrétion des méchants ? Le miséricordieux ne le put. Aussi décida-t-il de mettre à la disposition des élus, des prudents, des sages, la géomancie pour se protéger contre les sorts injustes et les méchants » (VBS, 59).

Par ailleurs, lors de la révélation, Bokano reçoit un Coran et un aérolite de son maître. Ces deux objets sacrés contribuent à renforcer le pouvoir. En ce qui concerne le livre saint, il est dit : « Qui a ce Coran sur lui bénéficie de la protection divine contre les invocations, évocations et conjurations. Celui que le porteur met sous la protection de ce Coran acquiert l'invincibilité contre tous les maraboutages » (VBS, 54). L'aérolite a sensiblement les mêmes vertus : « Qui a cet aérolite est protégé contre tous les sortilèges, maléfices et sorts. Celui que le porteur met sous la protection de l'aérolite se trouve protégé contre toutes les sorcelleries, tous les envoûtements » (VBS, 54). Seulement, il faut remarquer un fait très important. Les deux objets ne passent pas d'un propriétaire à l'autre par don ou par acquisition. Ce sont les objets eux-mêmes qui désignent celui qui les possédera. Bokano dans ses séances de divination constate que l'aérolite a choisi Nadjouma comme possesseur. C'est pourquoi il fera à la jeune femme une proposition dont Koyaga est le centre : « Pour qu'Allah le gratifie d'une longue vie, nous allons le mettre, toi sous la protection de la pierre aérolithique et moi sous celle du Coran » (VBS, 61). De ce fait, elle met Koyaga sous sa protection. Il se tisse un lien très étroit entre les deux, qui trouve d'ailleurs sa justification dans les coutumes des paléos : « Notre tradition en Afrique veut que le respect de la mère dépasse celui du père [...] Les paléos montagnards - qui sont les tenants de la première civilisation authentique africaine - préfèrent toujours leur mère à leur père » (VBS, 38). Donc, étant une mère paléos, elle est, de manière naturelle, adulée par son fils Koyaga, qui d'ailleurs n'a pas vraiment connu son père. En plus, la détention de la pierre aérolithique la sacralise davantage. Il est évident qu'à partir de ce moment elle sera aisément insérée dans les sphères du pouvoir, surtout qu'elle est la maman nationale (VBS, 278), la mère du président : « Comme tous les paléos, tous les chasseurs, sa maman est une femme à part, une femme sacrée, estimée comme une prophétesse, comme une femme gourou » (VBS, 284). La possession de l'aérolite est véritablement le socle du pouvoir de cette femme, parce que ce minerai renforce son aura mystique. Cette puissance des pierres est expliquée par Nadia Julien. Les pierres sont d'une extrême importance dans la vie des individus car « réceptacles d'influx divins et de l'énergie cosmique, elles possèdent une force spirituelle et sont, par conséquent, dotées d'un pouvoir de guérison [...]. [Elles sont] la cristallisation des forces magiques [et servent] à la divination, à la fabrication des talismans » (Julien, 1997 : 293-295).

Le fait d'être hissée au-dessus des autres individus va faire d'elle l'ombre de Koyaga, son alter ego. Toutes les actions de Koyaga vont passer au crible de ses dons de divination. Et d'après le peuple, rien ne peut surprendre le président car sa mère prévoit tout. En effet, il n'y a « pas de jour qui ne se lève et ne se couche sans qu'elle expose pour vous [Koyaga] et à votre nom vous son unique fils de chauds sacrifices. Le destin n'a jamais surpris ceux qui en permanence sont dans les sacrifices sanglants » (VBS, 63-64). Le Président ne passe pas une journée sans être en contact avec sa mère malgré ses nombreuses obligations étatiques. Et, Nadjouma est encore celle qui lui prépare ses repas :

Quand ils sont tous les deux - le dictateur et sa maman - à Tchaotchi ou dans la capitale, Koyaga rend deux visites journalières à sa mère : avant le déjeuner et le soir avant le coucher [...]

Loin d'elle, quand ils ne sont pas dans la même ville, Koyaga téléphone à la maman au moins deux fois par jour : en fin de matinée et le soir au coucher [...]. Quand la maman ne prépare pas pour son fils - c'est elle-même et personne d'autre qui cuisine pour Koyaga-[...] elle reçoit (VBS, 278-279).

C'est pourquoi sa notoriété dépasse les frontières nationales. Après l'attentat manqué contre Koyaga, chaque président africain dépêche des émissaires. Ils constatent que le président est sous la protection des fétiches de Nadjouma : « La sorcellerie de Nadjouma, la maman de Koyaga est la plus puissante de notre continent. Elle est la plus inspirée des magiciennes de notre époque. Son fils est invulnérable » (VBS, 273).

Dès lors, il est clair que le pouvoir du dictateur repose sur la forte croyance au surnaturel. L'épouse et la mère deviennent des piliers essentiels du pouvoir. Mais elles agissent surtout dans la sphère privée, même si elles sont souvent consultées pour des affaires relevant du domaine de l'état.

A côté d'elles, il y a au plan institutionnel pour les chefferies et les royaumes avant et durant la colonisation, les marabouts et les sorciers qui jouent un rôle important. Ils sont supposés lire l'avenir, déjouer les complots, protéger le Maître. Il faut dire que l'intégration de ce genre de personnage dans les instances de décision est une pratique séculaire.

3- Le marabout, le féticheur, le sorcier

Il faut dès l'abord noter que pour Ahmadou Kourouma, ces trois catégories de personnages sont tous semblables. En effet, ils jouent strictement les mêmes rôles auprès du roi, du président ou du chef. Voilà pourquoi dans ses textes, il les nomme indistinctement avec les mêmes vocables. Dans *Les Soleils des Indépendances*, Abdoulaye le marabout jouit d'une réputation qui dépasse les frontières nationales. C'est un personnage qui maîtrise plusieurs arts et c'est la raison pour laquelle sa méthode de travail est un syncrétisme qui fait appel à des pratiques diverses : « Il usait de trois pratiques : traçage de signes sur sable fin (évocation des morts), jet de cauris (appel des génies), lecture du Coran avec observation d'une calebasse d'eau (imploration d'Allah) » (SDI, 68-69).

La connaissance des sciences occultes fait d'Abdoulaye un être hors du commun qui entretient des rapports avec l'invisible et y tire sa puissance. Les génies, les morts, sont pour lui des êtres ordinaires avec lesquels il peut converser de manière toute aussi ordinaire ; ce qui lui confère des pouvoirs incommensurables. Et c'est justement pourquoi Salimata, dans sa recherche effrénée de la maternité, estime avoir trouvé celui qui pourra résoudre ses problèmes : « Abdoulaye cassait et pénétrait dans l'invisible comme dans la case de sa maman et parlait aux génies comme à des copains. Qu'il fixât du doigt un fromager et le tronc et les branches séchaient ! Pour un homme de cette corne, faire germer un bébé, même dans le ventre le plus aride : un rien, une chiquenaude ! » (SDI, 66).

Étant en relation étroite avec les morts, les génies, Allah, le marabout peut aisément avoir des visions qui lui permettent d'être au fait des maux dont souffrent ses patients ; et surtout, ces visions sont aussi le lieu d'indications des sacrifices à faire. Chez Abdoulaye, les exercices de divination sont des moments de transcendance qui passent par des transes qui sont un moyen d'atteindre la Vérité. Il fait corps avec le monde invisible et a le pouvoir d'immobiliser le cosmos, d'imposer le silence à l'univers :

Le marabout un moment parut être passé du côté des morts. Mais un moment seulement. Car il se ranima aussi vite, happa le sachet de cauris, en épancha le contenu et se repétrifia. Il se ranima une deuxième fois, mais cette fois hérissé de colère et les lèvres embouteillées de mots terribles, rassembla à nouveau les cauris, les répandit et se figea à nouveau. [...] L'animation repénétra dans le marabout. Mais cette fois par petits bouts. D'abord dans les doigts ; il compta, puis la vie atteignit les lèvres collées d'où éclatèrent exclamations et jurons (SDI, 69-70).

Cette séance confirme Salimata dans ses croyances : Abdoulaye est un être à part, un demi-dieu qui a le pouvoir de montrer les sacrifices à faire, de maîtriser les éléments. Elle est alors confiante en ce qui concerne l'enfant qu'elle désire : « Complète, nette avait été la démonstration des moyens et pouvoirs du marabout. L'homme s'en gonflait et exultait. Elle, troublée, se frottait les yeux. Pourtant ce n'était pas un rêve. Un coq rouge avait été vu battant des ailes, avait été vu se lançant pour chanter. Et aussi un mouton blanc, un bélier à cornes retournées, au museau noir » (SDI, 71). Pour beaucoup, Abdoulaye est un surhomme, un homme supérieur. C'est la raison pour laquelle même dans les plus hautes sphères de l'État, il a des clients. Ces derniers viennent soit pour déjouer le sort, soit pour renforcer leurs pouvoirs. A quelques différences près une situation similaire peut être observée dans *En Attendant le Vote des Bêtes Sauvages*.

Dans l'œuvre, le marabout est un personnage clé dans les sphères de décision. Il conditionne tous les agissements du détenteur du verbe. Il faut souligner que cette place prépondérante vient du fait qu'il serait un être à part, un privilégié qui n'a pas le même statut que les autres individus. En effet, le cas de Bokano le marabout est assez singulier. Il subit une initiation auprès d'un saint homme : « Il eut pour maître un saint Uléma, un élu d'Allah connu et respecté dans toute l'Afrique sahélienne. Un homme à qui Allah dans son infinie bonté avait tout donné et qui pouvait tout » (VBS, 52). La vie avec le saint va lui permettre d'atteindre la naissance mystique, et d'avoir la révélation de sa mission sacrée par un songe : « Il signifiait que Bokano venait de mourir pour renaître. Il était un nouvel homme. Le nouvel homme qui devait s'affranchir de l'Uléma, quitter le pays et s'en aller » (VBS, 53). Le marabout devient un individu qui a une autre vision du monde, un être qui a quitté le monde profane. Sa consécration le hisse au rang des élus, des individus qui n'ont rien à voir avec le commun des mortels. Il est en effet le détenteur d'un savoir qui n'est pas à la portée de tous : « Il connaissait et utilisait dix arts divinatoires : le yi-king, la géomancie, la cartomancie, les runes, la cafédomancie, l'encromancie, l'acotumancie, la grammatomancie, la cristallomancie et la radiesthésie » (VBS, 58). Cette énumération tout à fait ironique montre que le narrateur ne prend pas au sérieux les prétentions de Bokano en matière de connaissances. Par la maîtrise de toutes ces pratiques, il détiendrait toute la science infuse du monde. Dès lors, l'on comprend pourquoi cet individu est mystique et mystérieux dans tous les aspects de sa vie.

Son arrivée au village de Ramaka ne fera que confirmer cette particularité. Tout d'abord, son débarquement a l'allure d'un fait inhabituel, de quelque chose de fantastique. Le jour et le moment de sa venue sont déjà symptomatiques du mystère qui entoure le personnage : « Un vendredi il y a une dizaine d'années, les habitants alignés sur le parvis de la mosquée de Ramaka attendaient l'appel de leur muezzin. Brusquement de la brousse surgirent des hautes herbes un marabout suivi d'une vingtaine de disciples talibets. C'étaient Bokano et ses suivants » (VBS, 49).

Son installation parmi les musulmans de Ramaka se fera sous le signe de la supériorité et de la singularité. En effet, Bokano et ses disciples considèrent ses hôtes comme les individus qui sont encore dans le monde profane, et qui n'ont pas atteint la sainteté à travers Allah. C'est pourquoi, ils affichent des différences nettes à travers leur comportement, leur façon de prier et leur arrogance :

Ils [...] s'installèrent sur les tapis que ceux de Ramaka réservaient à leurs notabilités. Leur arrogance ne s'arrêta pas là ; elle alla plus loin. Leur chef se permit de lancer l'appel à la prière, privilège que depuis cinquante ans les musulmans du lieu avaient attribué à leur vieux muezzin Bakarycourini [...]. Le marabout et ses disciples courbèrent les prières d'une manière différente des pratiques de la région (VBS, 49).

Ainsi, dès leur arrivée, Bokano et sa suite marquent déjà leur ascendant sur les habitants. Il y a ici amorce du lent et patient processus qui fera de Bokano l'homme au supposé pouvoir mystique. Chez le marabout, la fusion avec Allah et ses préceptes a été telle que son lieu d'habitation ne peut qu'être chez le Très Haut. C'est pourquoi, il préfère investir les alentours de la mosquée quand on lui propose l'hospitalité : « Il la rejeta avec un hautain mépris. Bokano et ses compagnons partout avaient le même hôte : le Tout-Puissant. Partout ils gîtaient chez le Tout-Puissant, aux abords de sa maison qui est la mosquée et jamais ailleurs » (VBS, 50). Bokano n'arrête pas là l'influence qu'il commence à avoir sur les musulmans de Ramaka. Il construit un village avec l'aide de ses disciples. La dénomination seule de ce lieu est déjà en soi tout un programme, car elle exprime clairement l'image que le marabout veut imposer : « De tous les villages des environs accoururent des paysans pour s'extasier devant la ferme modèle qui avait été réalisée en si peu de jours.

L'exploitation fut nommée Hairaidougou (le village du bonheur) par son créateur » (VBS, 50-51). Le marabout peu à peu commence à convaincre les populations. Sa vie ascétique, la rigueur avec laquelle il accomplit les prières le différencient des autres et le hissent au rang de saint homme. En effet, Bokano ne pense, ne se définit que par rapport à Allah son maître. C'est pourquoi il s'attellera à être constamment en contact avec le Tout-Puissant :

Accéder au Tout-Puissant avec ses prières relevait d'une profession qui avait ses exigences. Bokano perpétuellement était en ablution ; il n'usait, ne consommait que le propre, le probe ; éloignait de lui tout ce qui pouvait être entaché d'un soupçon de péché, une ombre de dol, une pointe de mensonge. Il ne se nourrissait que de ce qu'il avait lui-même semé et récolté. Ne buvait que l'eau qu'il avait lui-même tirée des entrailles de la terre. Ne se couvrait, ne s'habillait et ne se chaussait qu'avec ce qu'il avait tissé, confectionné, tanné et cousu (VBS, 51).

C'est ainsi qu'il deviendra le médiateur incontournable entre les croyants et Dieu. Bokano, fort de cet avantage, accueille un nombre impressionnant de pèlerins qui cherchent le bien-être à travers la guérison. Les remous provoqués par la renommée du marabout suscitent la suspicion de l'administration coloniale. Celle-ci le considère comme un agitateur faisant partie d'une secte. C'est pourquoi il est tenu de se présenter chez le commandant chaque vendredi pour faire le compte-rendu de ses activités. En plus, les pèlerins et les visiteurs doivent au préalable se munir d'un laissez-passer. Seulement, ces mesures ne seront qu'à l'avantage du marabout : « Les restrictions aux déplacements de Bokano et le contrôle tracassier n'eurent d'autres effets que de drainer plus de jeunes et de malades vers le campement.

La réputation du marabout comme exorciseur des fous et des possédés s'étendit à toute l'Afrique de l'Ouest » (VBS, 56). Le village devient un centre de pouvoir spirituel et surtout de guérison. C'est dans ce contexte que Bokano fait la connaissance de Nadjouma la mère de Koyaga qui, elle aussi, est un des piliers du pouvoir.

Nadjouma venue malade, recouvre la santé grâce à Bokano. En plus du cas de la jeune femme, le marabout apparaît aux yeux des individus comme un saint, un messie qui a atteint un stade spirituel supérieur à travers la Révélation qu'il a eue. Celle-ci a été tellement forte qu'il a été frappé d'amnésie, a perdu tout repère si ce n'est celui d'Allah : « Il ne venait d'aucun endroit, n'allait nulle part, n'était dans aucun endroit. Parce que la terre qu'il a quittée, celle qui le porte, celle qu'il rejoindra constituent la même terre, et la terre est un don d'Allah » (VBS, 50). Même son propre nom est l'objet de l'oubli (VBS, 49). Or l'on sait que le nom d'une personne est une partie de son essence. Donc nommer quelqu'un, connaître son nom c'est avoir accès à une partie de sa personnalité et par ricochet permet de contrôler l'individu. En effet, comme le souligne Nadia Julien, « énoncer un nom suffit pour asservir celui qui le porte. **Nommer**, c'est faire venir ; faire venir, c'est faire obéir. [...] Aussi le nom est-il souvent gardé secret, car le révéler, c'est accorder une certaine puissance sur soi » (Julien, 1997 : 242). L'on comprend que Bokano le marabout reste secret sur son nom ; ce qui contribue à épaissir davantage la présumée aura mystique qui l'entoure, et augmente la croyance en sa toute puissance. Et, il y a lieu de souligner que son véritable patronyme reste inconnu puisque le surnom de Bokano lui a été donné par les habitants de Ramaka, à défaut de connaître son vrai nom : « Après le djouma, les musulmans de Ramaka voulurent connaître le nom du marabout. Il n'avait pas de nom. Ceux qui se trouveraient dans l'obligation de le nommer pourraient l'appeler Allama (par la volonté de d'Allah). C'est plus tard que les gens lui attribuèrent le surnom de Bokano (le chanceux) » (VBS, 49).

En somme, c'est un personnage qui a atteint la sainteté. Il a le pouvoir de tout obtenir par des prières intenses, des jeûnes et qui est même en mesure de laver les péchés (VBS, 280). L'on constate qu'il s'assimile à un messie, un sauveur. En effet comme le souligne Deschamps, « Il [Le marabout] est l'envoyé d'Allah ; sa personne est sacrée ; sa parole, son contact, ses crachats communiquent sa force vitale, son influx sacré, sa baraka. Se soumettre à lui et lui faire des cadeaux suffit à assurer le salut, dans la croyance de beaucoup. La puissance de ses mérites et de sa personnalité sont sans limites » (Deschamps, 1965 : 96). La stature du marabout fait de lui l'adjuvant parfait du détenteur du pouvoir.

En effet, dans l'œuvre d'Ahmadou Kourouma, le marabout grâce à ses présumés pouvoirs, est en mesure de lire l'avenir et de déjouer tous les complots qui se trament contre le dictateur. Comme nous l'avons susmentionné, les présidents qui évoluent dans le roman ne se déplacent jamais sans les gris-gris, malgré leur croyance en l'Islam. Il faut dire que dans la plupart des cas, les Africains jumellent souvent l'Islam à leurs pratiques fétichistes et magiques. C'est ce qui explique que Bokano « manipulait avec bonheur et réussite les prophéties de Mahomet qu'il tirait du Coran. Les djinns et les âmes des ancêtres ne lui taisaient aucun de leurs secrets quand ses doigts les interrogeaient par le sable de la géomancie » (VBS, 48). Ces personnages deviennent les piliers essentiels du pouvoir. L'on peut même dire que c'est sur eux que repose tout. Les projets, les déplacements, bref toutes les actions du président passent par eux. Tiékoroni le dictateur de la république des Ébènes souffrant d'une prostatite refuse de se faire opérer pour une raison simple : « Il refusait de se faire opérer - ses marabouts devins lui avaient vaticiné une mort certaine dans l'année où il accepterait de se faire ouvrir. Les nombreuses assurances des chirurgiens n'étaient pas parvenues à lui faire approuver une décision opposée aux prophéties » (VBS, 180). Il est clair que Bokano et par ricochet tous les marabouts sont l'alpha et l'oméga du pouvoir présidentiel.

Mais, dans *Allah n'est pas Obligé*, Yacouba présente une autre image du marabout. La diégèse du roman se situe dans un contexte de guerre. Birahima le héros va à la recherche de sa tante Mahan dans des sociétés qui vivent des déchirements de toutes sortes. Au Libéria comme en Sierra Léone, les guerres tribales déciment les populations. Dans une telle situation, les individus guidés par leur instinct de survie mettent tous les moyens en œuvre pour échapper aux massacres. C'est tout naturellement qu'ils se dirigent vers ceux qui peuvent leur apporter quelque protection. C'est d'ailleurs la raison qui pousse beaucoup à se rendre au Liberia :

Tiécoura était pressé de partir parce que partout tout le monde disait qu'au Libéria là-bas, avec la guerre, les marabouts multiplicateurs de billets ou devins guérisseurs ou fabricants d'amulettes gagnaient plein d'argent et de dollars américains. Ils gagnaient trop d'argent parce qu'il ne restait plus au Libéria que des chefs de guerre et des gens qui ont trop peur de mourir (APO, 39).

Dans le contexte de la guerre, ceux qui détiennent une parcelle du territoire mettent tous les moyens en œuvre pour, sinon l'agrandir, du moins conserver jalousement le terrain conquis. C'est ainsi que les marabouts et les individus qui manipulent les fétiches occupent une place de choix dans les états-majors de ceux qui combattent pour le contrôle du pays. La rencontre entre Yacouba et l'homme fort de Zorzor, le colonel Papa le bon, est significative. Yacouba se présente comme celui qui est capable de fabriquer des fétiches conférant des pouvoirs incommensurables :

- Je suis fortiche dans la protection contre les balles. C'est pourquoi je suis venu au Liberia. Au Liberia où il y a la guerre tribale, où partout se promènent des balles qui tuent sans crier gare.

- Impé, impé" s'écria le colonel Papa le bon. Il l'embrassa sur la bouche et l'installa dans une maison réservée aux grands quelqu'uns (APO, 77).

Yacouba sera chargé de fabriquer des fétiches pour les soldats afin que ces derniers acquièrent des pouvoirs d'invulnérabilité et d'invincibilité. Dans ce contexte de chaos, tous les chefs de guerre utilisent des féticheurs. D'ailleurs Prince Johnson les choisit selon les obédiences religieuses, car à son avis la complémentarité des grigris est toujours la bienvenue :

Johnson avait un féticheur, un féticheur chrétien. Dans les recettes de féticheur, il y avait toujours des passages de la Bible et toujours la croix qui traînait quelque part […]. Johnson était heureux de rencontrer Yacouba, un féticheur musulman. C'était la première fois qu'il avait affaire à un musulman. Les combattants allaient compléter les fétiches chrétiens par des amulettes constituées des versets du Coran gribouillés en arabe (APO, 77).

Comme nous l'avons vu, le marabout jouit d'une situation appréciable. Il accumule des richesses car chaque fétiche fabriqué se vend à prix d'or. Seulement ces prétendues protections ne sont pas toujours efficaces, puisqu'il y a toujours des massacres lors des affrontements : « On releva les morts. Beaucoup de morts. Malgré les fétiches musulmans et chrétiens, quatre enfants-soldats furent disloqués, dispersés par les obus. Ils étaient plus que morts, deux fois morts » (APO, 153). Mais en pareil cas, les marabouts trouvent toujours des justifications. Ils mettent en avant les interdits, les tabous qui accompagnent l'utilisation des fétiches. Dans les romans de Kourouma, les massacres sont chaque fois expliqués par les marabouts. Dans le cas d'espèce, les enfants-soldats transgressent les tabous en mangeant du cabri (APO, 120). Même le colonel Papa le bon, celui qui est supposé être protégé plus que quiconque trouve la mort. Yacouba sera lapidaire dans ses propos : le colonel n'a pas fait le sacrifice des deux bœufs qu'il lui avait prescrit pour contrecarrer les caprices du destin. D'autres explications allant dans le même sens semblent convaincre les soldats :

Faforo ! Les balles ont traversé le colonel Papa le bon malgré les fétiches de Yacouba. Yacouba a expliqué : le colonel avait transgressé les interdits attachés aux fétiches. D'abord on ne fait pas l'amour avec un grigri. Secundo, après avoir fait l'amour, on se lave avant de nouer des grigris. Alors que le colonel Papa le bon faisait l'amour en pagaille et dans tous les sens sans avoir le temps de se laver (APO, 90).

Balla le sorcier est aussi un personnage qui joue un rôle important dans la structure de la chefferie du Horodougou. Il est le sorcier protecteur de la dynastie des Doumbouya dans *Les Soleils des indépendances*. Avant de devenir le sorcier institutionnel de la tribu, Balla fut un fameux chasseur qui fit un pacte avec un génie chasseur. Mais en tuant le génie, il rompt le pacte, et s'interdit du même coup l'entrée dans la brousse. De par sa réputation, Balla le sorcier est l'un des piliers du pouvoir des Doumbouya. Il se charge de la protection de Fama, exorcise le palais avant que celui-ci ne l'intègre après la mort de son cousin Lacina. Balla a une situation singulière parce qu'il est féticheur dans un environnement musulman. Ses compatriotes le qualifient de cafre, mais ne se privent pas de le consulter pour tout ce qui concerne leur destin. Il est un homme craint et redouté.

A côté de ce personnage, il y a le griot et le propagandiste.

4- Le propagandiste et le griot

Dans les romans d'Ahmadou Kourouma, il y a aussi une catégorie de personnages qui n'utilisent pas les forces occultes pour consolider le pouvoir du chef mais qui font plutôt usage de leur intelligence pour justifier de manière logique certaines prédictions des marabouts. Ils sont chargés d'élaborer l'idéologie du régime et de l'appliquer dans tous ses aspects. Que ce soit dans sa dimension rationnelle ou occulte, l'idéologie fait ici l'objet de manipulations. Maclédio est de ceux qui mettent en place des idées, des pensées qui consolident les pouvoirs dans l'œuvre.

Tout d'abord, il connaît un parcours quelque peu original. Dans la région des Sénoufos et des Malinkés où il naît, les individus s'appuient sur ce qu'ils appellent *norô* et qui est inhérent à chaque personne. En fait, chez ces peuples, c'est une force invisible qui détermine le parcours des individus dans la société. Cette force peut être positive ou négative : « L'homme porteur d'un funeste norô est un malchanceux qui crée son propre malheur et celui de tout son environnement par sa seule présence, sa seule existence... En revanche, tout réussit au bénéficiaire d'un heureux norô, tout devient facile avec lui, tout se réalise aisément dans son environnement » (VBS, 118). Maclédio dès son enfance fait aussi l'objet des prédictions de toutes sortes. Son destin funeste se confirme lors de sa naissance car des signes évidents montrent qu'il n'est pas un enfant comme les autres :

> Maclédio, vous êtes né avec les déformations et signes évidents d'un porteur de norô funeste. On courut chez le géomancien - sorcier du village qui sans détour exposa le devenir du malchanceux nourrisson que vous étiez et les malheurs que vous apporterez à vos parents [...]. Vos parents devaient, le jour de votre naissance, promettre aux âmes des ancêtres qu'ils vous laisseraient partir du village avant votre circoncision (VBS, 118-119).

Ce discours illustre la structure oraculaire de la société, et de l'imaginaire des personnages. La destinée de tout individu est conditionnée par ce que le devin dit le jour de sa naissance. Voilà pourquoi les révélations du sorcier conditionnent tout le parcours de Maclédio à travers l'Afrique. Celui qui possède le *norô* négatif doit chercher la personne qui pourra anéantir les effets néfastes de cette force invisible. Celle-ci sera l'homme de destin de celui qui est malchanceux. Maclédio fait la connaissance d'un nombre impressionnant de personnes. Mais, chaque fois, celles-ci ne seront pas les hommes ou femmes de destin qu'il recherche. Son altercation avec son professeur de français à l'école primaire supérieure de la colonie le mènera droit dans un régiment de tirailleurs sénégalais. Après sa désertion, c'est chez les différents peuples de la forêt qu'il acquiert des savoirs ésotériques.

Son arrivée chez les Agnis va faire de lui un étalon qui a pour mission d'engrosser la princesse, car la tradition veut que le prince héritier ait pour père un inconnu. Son séjour chez ce peuple est aussi pour lui l'occasion d'apprendre le métier de *clocheteur* de fétiches. La princesse Adjoua fait de Maclédio son adjoint :

Adjoua n'était pas seulement la princesse du village, elle en était aussi la prêtresse, le mage, et Maclédio comme prince consort devenait automatiquement le coadjuteur [...] Des consultants venaient de tous les villages environnants. Maclédio le coadjuteur, le prince consort, en tenue de grand féticheur, agitait des clochettes et récitait des incantations (VBS, 133-134).

La naissance de trois jumeaux de son union avec la princesse mettra fin à sa mission. Il est obligé de s'enfuir car la tradition recommande des mutilations multiples sur le géniteur. Son érection en génie de l'or chez les Songhaïs va renforcer davantage l'idée de sa destinée funeste : « J'étais un génie qui, jusqu'à la fin des mondes, s'incarnerait, chevaucherait et prédirait par la bouche des possédés songhaïs... Et je restais perpétuellement désespéré. Je croulais sous l'or et j'étais continuellement miséreux » (VBS, 142-143). Comme nous pouvons le voir, il y a toujours en arrière plan les vaticinations des géomanciens qui influencent considérablement la psychologie des individus. Dans le cas de Maclédio, les prédictions motivent la recherche de l'homme de destin, et lui permettront d'acquérir des savoirs chez différents peuples. Le conditionnement a été tel que le dieu de l'or des Songhaïs finira par trouver son homme de destin en la personne de Koyaga.

Avant cette rencontre, Maclédio après ses pérégrinations chez divers peuples d'Afrique et un bref passage en France pour ses études, va échouer dans la République des Monts de Nkoutigui. Le président dictateur est un individu qui a opté pour le socialisme, la croyance en l'homme noir et surtout pour une haine viscérale du colon : « L'homme en blanc croyait aux paroles, aux hommes et au Nègre. Et gérer l'indépendance pour Nkoutigui signifiait remplacer, à tous les niveaux, tout Blanc (technicien ou pas) par n'importe quel Nègre » (VBS, 163). C'est pourquoi Maclédio sera au nom de sa foi de nationaliste, obligé de se séparer de la femme blanche qu'il ramène de France. Son premier poste est celui de directeur général adjoint à la radio. Peu après, il est propulsé au poste de responsable de l'idéologie dans le même service. Ici, Maclédio s'initie véritablement aux subtilités du pouvoir. C'est ainsi que peu à peu, il sera la pièce maîtresse des manipulations étatiques. Son travail consistera à trouver des explications rationnelles aux déclarations que les divers féticheurs et marabouts inventent pour justifier leurs gagne-pain : « Le principal de la tâche de Maclédio consistait à inventer les mots, les mensonges, le cynisme et l'éloquence qui apportaient des débuts de justification rationnelle à des actes qui n'en avaient pas parce que sortis des mancies des marabouts-féticheurs » (VBS, 156).

A ce poste, Maclédio acquiert une certaine expérience qui le confirme dans son rôle de maître à penser du régime. C'est ainsi que, la torture aidant, les □preuves" sorties de son imagination auront une cohérence logique : « Ce qu'il imaginait de toutes pièces devenait, pour la police, la justice, le Parti et la presse internationale des faits, les vraies phases d'une vraie conspiration. [...] Les victimes, sous les instruments de torture, répétaient les récits de Maclédio, les agrémentaient de multiples détails et finissaient par les rendre vraisemblables, logiques, incontestables » (VBS, 156).

Il est si habitué à inventer, à émettre des mensonges qu'il en arrive lui-même à y croire : « Les mensonges de

Maclédio devenaient de solides vérités même pour leur auteur qui finissait toujours par croire qu'il avait plutôt découvert qu'imaginé les trames des complots » (VBS, 156). Après son passage chez Nkoutigui, l'on peut dire qu'il est un homme très au fait des mécanismes de propagande.

Cette expérience fera de lui le maître à penser de Koyaga, le tout-puissant directeur de la Propagande du régime. De manière générale, nous pouvons dire que pour le cas de Koyaga, il a des adjuvants, c'est-à-dire les piliers du pouvoir (Nadjouma, Bokano, Maclédio, les fétiches…). Il devient un manipulateur de foules car il est l'homme qui, par ses discours subjugue les esprits. Il se révèle un véritable magicien, celui qui influence la destinée.

Les griots jouent un rôle important dans le fonctionnement du pouvoir de Djigui Kéita. Ce sont eux qui, dès les premières années de son règne, lui ont fait croire qu'il a hérité d'un monde parfait et achevé. Ils chantent bien entendu ses louanges, et lui font croire en son destin exceptionnel à un moment où la puissance coloniale est en marche sur les territoires africains.

Dans cet univers, les griots ont un statut particulier, comme le rappelle l'interprète Soumaré à l'administrateur colonial : « les griots n'étaient pas seulement des panégyristes, mais aussi des entremetteurs, des généalogistes et des historiens. Comme hommes de castes, ils avaient des droits, importants et imprescriptibles, ceux de n'être ni prisonniers de guerre ni esclaves, et n'étaient pas tenu par l'engagement d'honneur des nobles » (Monnè, 40).

Cette caractérisation du griot en fait un individu qui intègre divers statuts. C'est ainsi que Mory Diabaté le Djeliba, devient le messager de Samory lorsqu'il faut annoncer au roi Djigui de mettre en œuvre la stratégie de la terre brûlée. Il jouera un rôle non négligeable auprès du roi, après la défaite de l'Almamy Samory Touré. Ce personnage rentre dans l'imaginaire du pouvoir. Il est à la fois craint et respecté, et tout chef digne de ce nom doit s'attacher les services d'un griot, comme le dit le narrateur à propos de la décision de Djigui de récupérer Mory Diabaté : « Offrez un bon cheval et un bon griot à un prince malinké. Demandez-lui l'univers : il vous l'amènera à l'attache. Djigui avait déjà un très bon cheval : Sogbê, une jument blanche (toute sa vie il monterait une jument de cette robe) ; il venait de s'attacher un excellent griot. Qu'allait-il attaquer et conquérir ? » (Monnè, 44).

Par le pouvoir de son verbe, Mory Diabaté s'attachera à transformer la défaite de Djigui en victoire, et l'humiliation en honneur. En réalité, il est aussi un mystificateur qui s'autoglorifie de la puissance de son verbe. Par ailleurs, le roi dans son fonctionnement, a besoin du griot non seulement pour son panégyrique, mais aussi pour la légitimation des actes importants qu'il est amené à poser. Le roi lui-même est subjugué par les chants du griot, alors qu'il est dans une situation difficile. Il doit aller faire acte d'allégeance à l'autorité coloniale, ce qui est toujours une humiliation pour le vaincu. Mais Djéliba entonne une chanson qui rappelle la puissance du totem hippopotame. Son entrée en scène est spectaculaire et comporte un aspect merveilleux : « A huit pas de la case, le griot par trois fois cria : le ciel se vida des fumées, le soleil brilla, les charognards se réfugièrent dans les touffes des fromagers et des baobabs : tout se tut, même les gendarmes bavards des tamariniers » (Monnè, 47). Ainsi, dans l'imaginaire collectif, l'univers entier cesse de s'agiter au moment où Djéliba annonce les préludes de sa prise de parole. La chanson qu'il compose sur le champ pour le roi fait vibrer la fibre de l'orgueil, et incite Djigui à réagir : « Envoûté, moi Djigui, roi de Soba, je me suis réveillé, levé. J'ai décidé de parler, de marcher, de manger, de respecter mes femmes, de prier, de vivre… » (Monnè, 47). L'hymne des monnew que vient de composer Djéliba sera le chant qui galvanisera à chaque fois le roi lorsqu'il se trouvera dans une situation délicate.

CHAPITRE II
LE POUVOIR ET L'INITIATION

A - LE PARCOURS INITIATIQUE

Dans toutes les sociétés, l'initiation vise à parfaire la personnalité de l'individu. C'est un processus qui consiste à faire passer le myste par une série d'épreuves qui ont pour objectif le changement radical de son statut ontologique. C'est en ce sens que Mircea Eliade comprend l'initiation : « On comprend généralement par initiation un ensemble de rites et d'enseignements oraux qui poursuit la modification radicale du statut religieux et social du sujet à initier » (Eliade, 1959 : 10). Bien entendu, il est clair que c'est un autre individu, un être nouveau qui naît des différentes épreuves. Il a une nouvelle vision des choses en quittant le monde profane. En effet, à ce niveau, il accède à la connaissance, comme l'affirme Simone Vierne : « De même qu'il quitte lui-même la condition profane, sa vision quotidienne, profane du monde est modifiée. Il sait désormais pourquoi et comment le monde et la société sont tels » (Vierne, 1973 : 71). Dans les romans d'Ahmadou Kourouma, beaucoup de personnages sont initiés à divers types de connaissances plus ou moins ésotériques. Plus haut nous avons examiné les savoirs qu'acquiert Moussokoro et l'utilisation qu'elle en fait. Mais nous verrons aussi que dans la plupart des cas, l'initiation est le produit d'un conditionnement que la société exerce sur l'individu. Ceci s'observe au niveau de l'enfance et se répercute dans la gestion du pouvoir.

1 – L'initiation clanique

En Afrique et surtout dans la région subsaharienne, beaucoup de peuples font passer les jeunes par l'initiation. Comme nous l'avons déjà dit, c'est un processus qui permet à l'enfant d'entrer dans la classe des adultes. Le clan en consacrant l'enfant l'amène à appréhender son environnement avec un regard neuf, une personnalité nouvelle.

Dans beaucoup de sociétés de l'Afrique de l'Ouest, c'est lors de l'excision que les jeunes filles sont formées pour le mariage. Salimata subit cette pratique. Malheureusement la situation tourne mal pour la jeune femme. Elle cède à la douleur et s'évanouit sur ce champ qui fait l'honneur des familles (SDI, 35). Transportée dans la case de Tiécoura le féticheur, elle y sera violée. Pour les villageois, les choses sont claires : Salimata est la femme d'un génie jaloux qui ne veut pas qu'elle appartienne à un homme, vu sa beauté troublante. Mais Salimata est convaincue d'avoir vu Tiécoura commettre cet acte. C'est à partir de cet instant que l'initiation devient traumatisante. Les deux mariages qu'elle fait plus tard ne feront que renforcer sa peur des hommes, surtout lorsque ceux-ci lui rappelle Tiécoura le féticheur. Le premier mari de Salimata, Baffi « puait un Tiécoura séjourné et réchauffé, même démarche d'hyène, mêmes yeux rouges de tisserin, même voix, même souffle ; il résonnait en Salimata et la raidissait » (SDI, 39). Le mariage ne pourra jamais être consommé même lorsqu'elle devient la femme de Tiémoko le frère de Baffi, suite au décès de ce dernier.

Nous pouvons dire qu'à ce niveau, l'initiation de Salimata provoque plutôt des troubles psychiques. Ce mal se fait plus profond lorsqu'avec Fama, l'homme qu'elle aime, elle n'arrive pas à avoir d'enfant[1].

Mais dans *En Attendant le Vote des Bêtes sauvages*, certaines personnes acquièrent des savoirs qui deviennent des adjuvants dans leur combat dans la société. Dans cette œuvre d'Ahmadou Kourouma, tous ceux qui deviennent des chefs plus tard passent par la phase initiatique. Koyaga, l'homme au totem-faucon fait partie de la confrérie des chasseurs. Avant d'y entrer, il se fait disciple d'un grand maître-chasseur. Ceci est essentiel pour le futur initié : « Le chasseur novice avant de fréquenter la brousse va à l'école des maîtres-chasseurs pour les écouter, les admirer et se faire initier » (VBS, 171). Au cours de cette formation, le côté mystique n'est pas négligé. En effet, il apprend des formules magiques, des sortilèges qui lui permettent de se transformer chaque fois qu'il est en danger. Sakouna le maître chasseur forme Koyaga avec d'autres jeunes qui, comme lui veulent intégrer la confrérie des chasseurs :

> Sakouna donnait ses leçons sur les terrains, les pistes, dans les vallées, sur les montagnes [...]. Koyaga et quatre autres néophytes l'accompagnaient dans les parties de chasse, les nuits et jours pendant les week-ends. Sakouna leur a enseigné par la pratique la technique de la chasse, les rites, les mythes, l'idéologie et l'organisation de la confrérie des chasseurs malinkés et sénoufos, le donso-ton. Le donso-ton est en fait une franc-maçonnerie, une religion (VBS, 293).

A ce propos le récit mythique des exploits de Koyaga est assez éloquent (VBS, 65-71). Le futur dictateur dans sa

1. Madeleine Borgomano a étudié au chapitre 3 (pp. 59-78) de son ouvrage *Ahmadou Kourouma le guerrier griot*, la place de Salimata par rapport au système socio-traditionnel.

jeunesse, est recruté dans l'armée coloniale. La guerre d'Indochine est pour lui l'occasion de montrer sa bravoure. A Hanoi le poste PK 204, celui de Koyaga subit les bombardements des vietnamiens. Koyaga réussit à faire sortir de la jungle une cinquantaine de tirailleurs ainsi que les prostituées qui sont de service au poste. Cet exploit est attribué à la mère qui a initié le fils aux savoirs mystiques :

C'était grâce à la magie de sa mère, une partie de la magie léguée par la mère au fils, que Koyaga avait pu sauver sa section et les prostituées casablancaises. Quand les Viets investirent le PK204, Koyaga avec toute la magie enseignée par sa mère se transforma en un puissant hibou nocturne. Sur l'aile gauche, il embarque les prostituées. Sur l'aile droite, il accepte une cinquantaine de tirailleurs montagnards avec leur armement. Les Viets n'y voient que de la fumée (VBS, 38).

Fricassa Santos est aussi initié aux subtilités des pratiques magico-religieuses. Son cas est assez atypique. Il a parcouru l'Afrique pour acquérir des connaissances : « Il s'initia au Nigeria aux magies yorouba et ibo, au Dahomey à celle des Fons, au Togo à Notsé à celle des Ewé, en côte de l'or aux mystères des peuples Akans. [...] Fricassa Santos continuait à approfondir ses connaissances de la tradition en s'initiant aux bois sacrés chez les Sénoufos de Boundiali et aux danses des Dogons au Soudan français » (VBS, 80). La parfaite maîtrise de ces savoirs va lui permettre de briguer la magistrature suprême et d'asseoir son pouvoir. Tout le monde s'accorde pour dire que l'homme au totem-boa a gagné les élections grâce à ses pouvoirs magiques malgré la fraude des administrateurs coloniaux : « Tous les bulletins, la totalité des bulletins de non s'étaient transformés en bulletins de oui. Ce prodige, le grand initié Fricassa Santos l'avait réussi grâce aux magies que les maîtres du vaudou de Notsé du Togo et les marabouts de Tombouctou lui avaient enseignées au cours de ses initiations » (VBS, 81).

Mais il est important de voir qu'au-delà de l'initiation proprement dite, c'est un long processus de conditionnement qui se met en place. Cela commence dès l'enfance et parfois avant même la naissance de l'enfant. Le Président de la République des Ébènes, l'homme au totem-caïman est annoncé bien avant sa venue. La famille Cissé, celle de son père se livre à des sacrifices et autres adorations depuis l'annonce de l'arrivée d'un homme exceptionnel dans son giron : « Une très vieille famille Cissé à qui a été annoncé qu'un homme illustre sortirait de son sein et qui, depuis des siècles attend cet homme. Toutes les branches de la famille depuis des siècles se livrent à des riches et coûteuses adorations avec des sacrifices sanglants pour hâter la naissance, l'avènement de leur homme illustre » (VBS, 176).

L'homme au totem-léopard, au cours de son initiation fait l'objet de prédictions. Tous les détenteurs de savoirs mystiques voient en lui un être exceptionnel qui marquera de son empreinte l'histoire de son pays : « Tous les sorciers ngbandis prédirent que le jeune initié serait le plus grand de leur race. Ils lui attribuèrent de nombreux talismans et fétiches et lui apprirent les paroles secrètes de beaucoup de prières de protection contre les maladies » (VBS, 218). Koyaga quant à lui est « de la race des hommes qui ouvrent, des hommes qui se font suivre, des maîtres, de ceux qui doivent savoir s'arrêter à temps, de ceux qui ne doivent pas rester en deçà ou aller au-delà » (VBS, 61). Il est clair que toutes les prédictions liées aux destinées des différents Présidents les conditionnent.

Le futur élu mettra donc toute son intelligence pour conquérir le pouvoir, élément qui ne fera que confirmer les prédictions. Les discours conditionnant sont très importants car ils marquent tout le parcours du futur élu. Il est dit de Koyaga par exemple qu'il a une enfance hors du commun. Son enfantement est l'objet de toute une légende. Les paléos connaissent deux types de mariage : le mariage fiançailles et le mariage rapt. Le dernier type est prisé par les fiers guerriers et se termine par le viol rituel. Le lieu où se passe le combat des deux champions de lutte initiatique (Tchao le père de Koyaga, et Nadjouma) subit une transformation qui se passe de tout commentaire : « Ce lieu depuis ce jour est devenu une clairière. Jamais, jusqu'au dernier jour du monde, aucune herbe ne repoussera dans le cercle où fut perpétré le viol par lequel vous, Koyaga avez été engendré » (VBS, 40-41). La naissance de Koyaga marquera à jamais Nadjouma. Il est un bébé hors du commun, et c'est pourquoi la mère connaît une douleur atroce lors de la phase de travail : « La maman de Koyaga a lutté et peiné pour concevoir son fils ; elle a lutté et peiné encore plus pour l'enfanter. Les cris de douleurs qu'elle poussa quand elle fut en gésine continuent encore à hanter les cimes des montagnes des pays des hommes nus quand soufflent les grands vents de l'est. Vous avez été, Koyaga, gigantesque comme bébé » (VBS, 41). Les douleurs de l'enfantement sont tellement insupportables qu'elle est traumatisée et décide de ne plus jamais concevoir. D'ailleurs, les devins lui prédisent une mort certaine si elle cherche à avoir un second enfant : « Votre mère jura qu'après vous elle n'engendrerait plus. Comme écho à ses cris de douleur, les magiciens prédirent qu'elle succomberait à un second enfantement [...]. Elle ne chercha plus d'enfant ; elle n'eut qu'un seul fils » (VBS, 41). Les révélations de Bokano lui permettent de comprendre davantage son état. Il faut remarquer qu'avec la naissance de Koyaga, Nadjouma devient frigide et éprouve même de la peur face aux hommes. Ces conséquences désastreuses n'auront pas d'autres explications selon l'art divinatoire de Bokano : « Après les révélations de Bokano, Nadjouma se sentit soulagée. Tout parut s'expliquer ; elle comprit, devint heureuse. La peur qui l'étreignait dès l'approche des hommes depuis le décès de son mari, c'était la possession. C'était le génie qui l'avait rendue frigide après la difficile maternité qu'elle avait endurée pour mettre Koyaga au monde » (VBS, 58). Ainsi, l'enfantement de Koyaga est tout à fait singulier et le futur dictateur restera le fils unique. Par ailleurs, le récit de l'enfance de Koyaga est symptomatique de cette volonté de faire de lui un être à part. En effet, il est porté pendant douze mois par sa mère qui sera en travail deux jours successifs (VBS, 21). Sa naissance bouleverse l'ordre naturel des choses : « Des mouches tsé-tsé partirent de lointaines brousses et des montagnes et foncèrent sur le bébé. Par poignées, Koyaga, vous avez écrasé les glossines dans vos mains. A quatre pattes, vous n'avez laissé la vie sauve à aucun des poussins et margouillats qui picorèrent dans vos plats de bébé » (VBS, 21-22). Ce qui est dit ici de Koyaga est un lointain écho de la naissance d'Hercule, le héros de la mythologie grecque, qui étrangle dans son berceau les serpents envoyés par Héra.

En somme, dès l'enfance, il est martelé aux différents futurs maîtres du pouvoir, un certain nombre de prédictions qui sont confirmées par leur intelligence froide. Or à bien y regarder, ils sont dans une certaine mesure des marginaux. Koyaga perd son père à l'âge de sept ans et est élevé uniquement par sa mère. Le grand-père du dictateur au totem-léopard est contraint à l'exil en pleine forêt pour échapper à l'administration coloniale. Le dictateur lui-même est un fils naturel qui ne connaîtra pas son père. Le père de Bossouma, l'homme au totem-hyène, l'Empereur du Pays aux Deux fleuves est fusillé par les colons. Dès lors, il est clair qu'une large partie du parcours de ces hommes de pouvoir est animée par leur foi, leur désir incommensurable de prendre leur revanche sur la société. C'est ainsi qu'au cours de leur évolution, ils vont intégrer l'initiation politique qui les consacre dans le sérail des dictateurs.

2 – L'initiation politique

La formation aux rouages et mécanismes de la gestion du pouvoir passe d'abord par la conquête. Dans les deux premiers romans, l'acquisition des connaissances n'est pas très manifeste. Fama par exemple est un opportuniste. Il entre en politique sans conviction ou plutôt avec l'intime conviction qu'il aura un poste qui pourra lui rapporter suffisamment d'argent. Par ailleurs dans ***Monnè, Outrages et Défis***, les personnages se retrouvent sur la scène politique sans qu'on voie réellement leur préparation. C'est pourquoi nous focaliserons notre analyse sur l'avant-dernier roman de l'auteur ivoirien.

Koyaga pour accéder à la magistrature suprême fait un coup d'État. Et, comme toujours, les marabouts-devins l'ont déjà prédit à Fricassa Santos : « L'élégant gentleman au totem-boa était un grand initié, un puissant sorcier qui craignait la fin tragique que des devins lui avaient prédite » (VBS, 74). Et c'est justement Koyaga qui est vu comme son tombeur. La conquête du pouvoir commence par une préparation de l'initié. Il met à son avantage tous les fétiches, toutes les incantations magiques pour briser le Président Fricassa Santos. Il est grandement aidé en cela par Bokano le marabout et Nadjouma sa mère :

Le marabout et la maman avaient pu tout tranquillement lui fabriquer tous les talismans, lui apprendre les paroles des prières magiques [...] Ils avaient pu lui indiquer tous les sacrifices qu'il fallait exposer, tous les sortilèges qu'il fallait manipuler pour briser les puissantes protections magiques du Président (VBS, 83).

La conquête du pouvoir commence dans un espace parallèle, à savoir le domaine du paranormal. Nous avons déjà vu que nous sommes dans une société fortement ancrée dans les pratiques magico-religieuses. C'est pourquoi des combats magiques à travers plusieurs métamorphoses vont se dérouler au palais présidentiel. La finalité du combat relève encore du mystique car Koyaga a la clé qui permet d'annihiler les sortilèges de Fricassa Santos : « Les devins avaient révélé au chasseur que seule une flèche dotée d'un ergot de coq empoisonné pouvait annihiler le blindage magique du super-initié qu'était le Président, pouvait rendre sa peau et sa chair pénétrables par le métal » (VBS, 94). C'est ainsi que Koyaga prend les rênes du pouvoir.

Seulement, ce nouveau statut de maître temporel est lié obligatoirement à un voyage chez d'autres dictateurs. Il s'agit d'un processus bien huilé relevant d'une tradition qui consiste à faire acte d'allégeance aux grands frères, aux aînés et surtout d'acquérir des savoirs sur la manière de gouverner. Koyaga l'a bien compris : « Vous ne devez, Koyaga, poser aucun acte de chef d'État sans un voyage initiatique, sans vous enquérir de l'art de la périlleuse science de la dictature auprès des maîtres de l'autocratie. Il vous faut au préalable voyager. Rencontrer et écouter les maîtres de l'absolutisme et du parti unique » (VBS, 171). Le voyage devient un processus par lequel le myste passe obligatoirement pour accéder à la connaissance. Il devient de fait, une aventure individuelle, spirituelle qui permet au novice d'avoir une réflexion sur soi et sur les leçons reçues. C'est pourquoi « Le voyage [...] symbolise l'appel du destin, le transfert du centre de gravité du héros de son milieu habituel à une zone inconnue, remplie [...] de trésors » (Julien, 1997, 434). La tradition veut que le voyage commence tout naturellement par la République des Ébènes, le pays de l'homme au totem caïman. C'est un sage à qui tout nouveau Président doit faire acte d'allégeance. C'est un passage obligé, eu égard à l'ancienneté de son totem : « Le caïman étant appelé et reconnu comme la plus ancienne des bêtes terrestres, toutes les visites d'un apprenti chef d'État à ses pairs africains débutent par le pays du dictateur au totem-caïman. Oui, c'était la règle à laquelle vous ne pouviez déroger » (VBS, 172).

Les pérégrinations de Koyaga chez les différents chefs d'État vont l'aider à entrer définitivement dans la peau d'un dirigeant. Chez le sage d'Afrique, il reçoit des leçons essentielles, qui se résument en quatre points : il s'agit d'abord de ne pas séparer la caisse personnelle de la caisse de l'État : « La première méchante bête qui menace au sommet de l'État et en tête d'un parti unique s'appelle la fâcheuse inclination en début de carrière à séparer la caisse de l'État de sa caisse personnelle » (VBS, 181). La deuxième leçon consiste à bâtir son régime sur le culte du mensonge. La vérité ne doit pas être séparée de son contraire car cela est préjudiciable au jeune dictateur : « La seconde méchante grosse bête [...] était d'instituer une distinction entre vérité et mensonge. La vérité n'est très souvent qu'une seconde manière de redire un mensonge » (VBS, 184).

Le troisième point est basé sur la gestion des ressources humaines. Le Président doit savoir choisir les hommes et les gérer suivant la personnalité de chacun. En effet, « La troisième méchante bête [...] consiste pour le Président, à prendre des hommes et des femmes qui le côtoient, qu'il rencontre, avec lesquels il s'entretient, comme culturellement ceux-ci se présentent » (VBS, 186). Et enfin, la quatrième bête pour l'homme au totem consiste à choisir son camp dans le contexte de la guerre froide. Cette visite chez le " sage d'Afrique " sera très importante pour le jeune Président qu'est Koyaga. A partir de ces conseils de maître, il exercera le pouvoir et son initiation sera pleinement réussie : « Les jours, les nuits et les instants passés avec Tiékoroni, le petit vieillard, vous apporteront beaucoup de la science de gouverner les hommes et un pays. Ce furent des instants, des mots, des pensées que jamais vous n'oublierez » (VBS, 191). Avec Bossouma l'empereur, il apprend par exemple qu'il ne faut « jamais informer de vos heure et date dans votre pays parce que les attentats imparables sont ceux qui se perpétuent à l'atterrissage de l'avion » (VBS, 197). L'homme au totem-léopard lui apprendra à se déplacer avec les caisses de l'État et toutes les personnalités de sa République. Ainsi ceux qui veulent fomenter des coups en son absence se trouveront devant les caisses vides.

Par ailleurs, le passage de Koyaga dans la République du Grand Fleuve sera aussi essentiel pour son initiation. Face aux critiques acerbes des pays occidentaux, et surtout suite à la déliquescence des structures économiques, l'homme qui a pour totem le léopard opte pour la danse, le show-business. La notoriété des rythmes du pays est la principale motivation du président : « les citoyens avaient échoué dans la gestion et l'industrialisation, non dans la danse, non dans le chant, non dans le show-business » (VBS, 224). Le myste qu'est Koyaga ne négligera pas ces conseils puisque cette option constituera plus tard une donnée essentielle de sa gestion du pouvoir : « De cet entretien, Koyaga devait retenir que, dans la lutte contre le sous-développement et la famine, le chant, la danse - le chant et la danse à la gloire du chef de l'État - sont aussi des instruments de développement » (VBS, 224). La quête du savoir à travers l'initiation étant achevée, Koyaga peut rentrer dans son pays. Il est déjà détenteur d'un pouvoir qu'il va falloir mettre à profit.

Comme nous l'avons dit plus haut, l'acquisition des savoirs à travers l'initiation est suivie de l'application des leçons reçues. En ce qui concerne Koyaga, l'exercice de son pouvoir se calque sur les différents exemples au cours de son initiation. Il aura une nouvelle perspective de son statut parce que « l'enseignement initiatique, a [...] pour but de donner au novice quelque chose qu'il continuera de posséder au-delà de sa nouvelle naissance » (Vierne, 1973, 22-23). C'est ainsi que Koyaga a une vision neuve des choses et gouverne avec une poigne qui n'a d'égale que son tempérament de chasseur féroce et implacable.

B- LA CONQUÊTE ET L'EXERCICE DU POUVOIR

Les détenteurs du pouvoir fonctionnent suivant une certaine logique. La période coloniale marque véritablement l'instauration d'un mode précis d'exercice de l'autorité. La consolidation du pouvoir se fait au niveau économique et politique. De manière simple le détenteur du verbe est l'alpha et l'oméga des deux domaines. Cette situation est déjà observable à l'époque coloniale.

1- L'idéologie et les pratiques coloniales

L'arrivée des occidentaux en Afrique à travers les conquêtes coloniales met en place une nouvelle donne sociale, un mode de pensée différent de ce que les Africains ont toujours connu. Le colon impose son idéologie à tous les niveaux de la vie des sociétés africaines et instaure des pratiques inhumaines qui confinent les vaincus au rang de subalternes. Et le code de l'indigénat est là pour officialiser les exactions coloniales. Le colon met aussi en place un nouveau mode de gestion du pouvoir qui vise essentiellement à disqualifier les chefs locaux.

Mais l'administration coloniale est parfois obligée d'agir avec tact, quand il s'agit d'outrepasser les anciennes prérogatives des chefferies traditionnelles. Dans *Monnè, outrages et Défis*, Djigui est un chef respectable et respecté. Il est le guide spirituel de Soba et de ce fait, le garant de la stabilité de la communauté. L'administration coloniale est consciente du poids que représente le descendant des Keita. L'écarter du trône pourrait provoquer des soulèvements populaires. Si le centenaire suscite crainte et respect, c'est aussi parçe qu'on lui attribue des pouvoirs surnaturels. Lorsqu'on sait que les gens de Soba sont très portés sur la chose magico-religieuse, il est aisé d'imaginer toutes les conséquences que peut avoir une mise à l'écart du chef. Conscients de tous ces enjeux, les colons utilisent une stratégie qui a déjà porté des fruits sous d'autres cieux à savoir créer la division pour mieux régner. Il faut remarquer que si la puissance coloniale domine militairement Soba, elle n'a pas tout à fait réussi à subjuguer moralement les populations qui restent encore attachées à leur chef. En fait, Djigui Keita est encore soucieux du bien-être de ses sujets. Or l'administration coloniale n'a pas besoin de personnes qui se préoccupent constamment du sort des populations. C'est pourquoi les colons écartent en douce Djigui et choisissent Béma, le prince avide de pouvoir. Ce dernier est prêt à s'aplatir devant les autorités et à appliquer sans état d'âme les mille et une volontés du nouveau pouvoir :

Depuis trois nuits, Djigui n'était plus le vrai chef des pays de Soba. Il était le seul du Mandingue à l'ignorer. Le gouverneur et le Commandant Bernier avaient estimé qu'il avait trop vieilli : ils voulaient le préserver de tout ce qui pourrait l'éreinter et l'achever. Désormais, les autorités s'adresseront à Béma - Qu'Allah l'aide -, le cinquième fils de Djigui, qui porterait le carquois de la force et du pouvoir des Keita, serait le roi de Soba [...] En silence, à demi couché sur son cheval, le rêne dans la main gauche, mordant son index droit de dépit, Djigui descendit sur le Bolloda. [...] Les nazaréens l'avaient frappé avec la complicité de son fils Béma (Monnè, 126).

Ainsi, les colons alimentent des querelles intestines pour mieux asseoir leur pouvoir. Les Français savent qu'ils ne peuvent pas facilement manipuler les vieux chefs qui incarnent encore le passé glorieux et apparaissent comme les gardiens de la tradition. C'est pourquoi ils jettent leur dévolu sur les jeunes qui sont plus conciliants et qui sont prêts à observer une obéissance servile.

En somme, nous pouvons dire que la colonisation vient bouleverser tous les us et coutumes des peuples africains. Sur le plan économique, nous avons vu que les Africains produisent des cultures de rente qui ne profitent qu'aux seuls colons. Les colonisateurs imposent en même temps l'utilisation des produits venus d'ailleurs. En fait, les Africains se retrouvent dans un cercle vicieux. Ils produisent ce qu'ils ne consomment pas et consomment ce qu'ils ne produisent pas, d'où l'éternelle situation de dépendance. La même situation confuse se retrouve à tous les niveaux de la société. Les colons utilisent le capital humain dans le sens de leurs intérêts en ignorant totalement les besoins, les aspirations des indigènes.

Il a été établi que les chefferies traditionnelles, avec l'avènement de la colonisation, n'ont plus aucun pouvoir ou, tout au plus, un pouvoir symbolique. Les chefs sont réduits au rôle de simples sujets, auxiliaires de l'administration. Il y a de la part du colon la volonté de détruire systématiquement les structures indigènes, tant au niveau de la vie sociale qu'à celui de la gestion du pouvoir. Les colons introduisent de nouvelles valeurs qui n'ont rien à voir avec ce que les Africains connaissent. L'on a un système hybride qui ne tient compte ni des valeurs spécifiques africaines, ni celles européennes. C'est donc un système qui a des fissures dès le départ. C'est ce qui plus tard entraîne une instabilité politique chronique dans plusieurs régions d'Afrique lorsque s'annoncent les indépendances.

Avec les romans de Kourouma, il y a mise en exergue d'une période trouble de l'histoire africaine. Ces romans nous permettent de comprendre l'origine des blocages que nous observons dans la plupart des États africains. Les pays de l'Afrique ont un lourd héritage colonial qui a surtout des aspects négatifs. C'est aussi cet état des choses qui fera du monopartisme, des coups d'État, la seule alternative politique en Afrique. Même l'avènement de l'ouverture politique n'arrange pas les choses. Les individus ont du mal à se démarquer d'une politique qui plonge ses racines dans les pratiques coloniales.

2- Les luttes politiques en période coloniale

Les luttes de ceux qui jusqu'alors étaient appelés indigènes constituent le signe avant-coureur des indépendances. Ces combats impliquent de la part des Africains des sacrifices énormes qui parfois aboutissent à la mort. En fait beaucoup d'indigènes sont exaspérés par les exactions coloniales. Et, il faut aussi souligner que les deux guerres mondiales en constituent le déclic. Le Blanc qui jusque-là était considéré comme un être tout-puissant devient tout simplement un homme comme les autres. C'est ainsi que les revendications sont de plus en plus fortes dans les colonies françaises.

Beaucoup d'Africains se jettent dans la bataille pour défendre soit leurs intérêts, soit celui de tout le peuple. Fama Doumbouya qui a mis tous ses espoirs en l'indépendance se donne à fond :

Les soleils des Indépendances s'étaient annoncés comme un orage lointain et dès les premiers vents, Fama s'était débarrassé de tout : négoces, amitiés, femmes pour user les nuits, les jours, l'argent et la colère à injurier la France, le père, la mère de la France. Il avait à venger cinquante ans de domination et une spoliation. Cette période d'agitation a été appelée les soleils de la politique (SDI, 22).

A Soba, c'est un climat de tension qui sous-tend la liberté politique. Il faut noter que les populations dans le système colonial ne reçoivent aucune formation à la démocratie. C'est pourquoi la plupart des candidats fonctionnent sur le mode de l'imposition, de la violence. Le cas de Béma est éloquent. Ayant été choisi par les colons comme roi, il est le détenteur du pouvoir militaire local. C'est fort de ce statut qu'il n'intègre pas l'idée de la défaite et est prêt à tout pour remporter les élections : « C'est au milieu des nuées de marabouts, féticheurs, et devins et sorciers qu'il avait rassemblés pour maîtriser le sort des élections, de quelques fonctionnaires et courtisans, et toujours la tête enrubannée, le sabre arabe en bandoulière que Béma apprit les résultats » (Monnè, 236).

Béma est ainsi convaincu que la présence et l'action des marabouts et des féticheurs lui permettront de gagner les élections. N'ayant pas l'idée de respect les résultats des urnes, les individus cultivent la violence car comme Béma lui-même le dit : « Le député, c'est le pouvoir et la force, c'est le guide et cela ne s'offre jamais à un étranger : mêmes les lycaons ne suivent qu'un autre lycaon » (Monnè, 236). Nous avons là les signes avant-coureurs du mode de fonctionnement des régimes politiques en Afrique : la dictature pure et dure qui implique le monolithisme des institutions.

Touboug un autre candidat aux élections reçoit l'onction de Djigui Keita. Ce choix est significatif. Le Centenaire compte exercer le pouvoir à travers son gendre. Djigui estime que Touboug est plus malléable par rapport à Béma qui reste un insoumis. D'ailleurs il règne toujours un climat de tension entre les deux depuis que le fils a été choisi comme roi par les colons français. Nous pouvons déjà voir le phénomène de cooptation qui se fait à la fois au niveau des institutions traditionnelles et coloniales ; ce qui bien entendu constitue la source des tensions que les États africains connaîtront plus tard, lorsque malgré l'indépendance, les anciens maîtres veulent maintenir leur mainmise sur les anciennes colonies.

Face à ces agitations susceptibles de déstabiliser les colonies, le Général De Gaulle crée la Communauté franco-africaine qui regroupe les différents territoires occupés par la France. Ceux qui sont à la tête des mouvements de revendication sont tout de suite récupérés aux seules fins des intérêts français :

D'une façon formelle, elle [la France] avait accordé la citoyenneté française à tous les nègres, même aux hommes nus, aux paléos. Elle avait attribué des sièges au sein de ses assemblées à tous les agitateurs nègres sortis de l'école William-Ponty de Gorée et qui, en tête des syndicats, avaient barré des routes et mis le feu à quelques cases. La bonne trouvaille du Général De Gaulle avait été la création de la Communauté française avec ces meneurs nègres » (VBS, 77).

Dans la forme, les travaux forcés et les brimades sont supprimés, puisque tous les indigènes ont le statut de citoyen français. Seulement le fond de l'idéologie coloniale reste le même puisque les Français continuent de gérer comme ils l'ont toujours fait. On voit dès lors les effets pervers de la récupération de ces élites. A partir du moment où elles siègent à l'assemblée nationale française, il est clair qu'il sera de plus en plus difficile de tenir des discours excentrés par rapport à l'idéologie coloniale. Ceux qui sont ainsi récupérés dans la plupart des cas, seront plus tard les dirigeants des territoires qui obtiennent leur indépendance. Mais il y a lieu de souligner que même étant en fonction, ils continuent à préserver les intérêts français :

La Communauté était parvenue, dans les autres territoires, à faire plébisciter comme chef de gouvernement, par des élections législatives et des référendums qu'elle avait réussi à truquer, l'élu de la colonie que le Général de Gaulle avait préféré et dont les paroles ne juraient pas trop avec la thèse colonialiste de l'infériorité du Nègre voleur et paresseux. Le nouveau chef de gouvernement choisi par le général avait été forcé de proclamer l'indépendance de la colonie dans l'interdépendance et en toute amitié avec la France (VBS, 77).

Ainsi, la majorité des premiers présidents des États indépendants répondent aux aspirations des Français. Les colons veulent maintenir leur mainmise sur les territoires conquis par la force. Étant donné que les revendications sont pressantes, les Occidentaux préfèrent octroyer une indépendance formelle. En réalité, les présidents sont des pantins manipulés par la puissance coloniale : « La proclamation solennelle achevée, il avait présenté le drapeau qu'on lui avait conseillé comme emblème de la nation, avait chanté l'hymne national qu'on lui avait composé, s'était décoré du grand cordon de l'ordre qu'il venait d'instituer et s'était proclamé Président rédempteur, père de la nation et de l'indépendance de sa nouvelle république » (VBS, 77-78).

Néanmoins, certains territoires africains refusent d'adhérer à la Communauté française, préférant rompre tout lien avec l'hexagone. Dans *En Attendant le Vote des Bêtes Sauvages*, on peut voir cette prise de position radicale même si la personnalité historique de Sékou Touré est masquée par le personnage de Nkoutigui Fondio, l'homme en blanc : « L'homme en blanc avec verve vibra sur la dignité de l'Afrique et de l'homme noir et hurla, devant l'univers et en face du chef général de Gaulle, un non catégorique. Non à la Communauté ! Non à la France ! Non au néocolonialisme ! L'homme en blanc préférait pour la République des Monts la pauvreté dans la liberté à l'opulence dans la soumission. Il le cria plusieurs fois » (VBS, 153-154).

Il faut aussi ajouter que ceux qui refusent tout compromis et n'arrivent pas à être récupérés connaissent des vicissitudes innommables. Beaucoup font face à la répression aveugle de l'administration coloniale. C'est ainsi que même les députés qui commencent à tenir des contre-discours à l'endroit du colon sont tout de suite indexés (Monnè, 250). Il s'agit pour le conquérant d'étouffer dans l'œuf toute velléité de contestation. En réalité, les Français se retrouvent coincés par les promesses faites aux Africains à la veille de la deuxième guerre mondiale. C'est à contre cœur qu'ils essaient d'édulcorer le statut des Noirs. Mais le fond reste le même puisque les exactions de toutes sortes se poursuivent. Il s'agit dans ce contexte, sinon d'éliminer purement et simplement ceux qui ont accédé à la prise de conscience, du moins de les récupérer en les amenant à renier leurs idéaux, leurs convictions politiques : « Dans les premiers villages investis, les militants furent arrêtés, puis envoyés dans le camp de Soba où ils furent déshabillés et battus jusqu'à ce qu'ils aient publiquement renié le parti. [...] Chacun remettait sa carte du RDA, le capitaine les assemblait, en faisait un autodafé. Un gradé [...] prêchait l'anticommunisme, insistait sur l'inhumanisme, la barbarie du communisme athée » (Monnè, 252-253).

Ceux qui revendiquent des droits sont donc tout de suite taxés d'ennemis du peuple, de rouges, de communistes. Cette classification comme le souligne Thomas Szasz, vise à exercer un certain ascendant sur ceux qui produisent des contre-discours : « Nommer quelque chose, c'est la classer. Mais pourquoi les hommes nomment-ils les choses ? C'est souvent pour obtenir un contrôle sur la chose ainsi nommée et, de manière plus générale, pour manifester la puissance de leur action dans le monde. [...] En classifiant, l'homme "attaque" l'objet de son intérêt classificatoire, non pour le dévorer, mais pour le contrôler » (Szasz, 1979 : 240-241). L'on comprend donc pourquoi le processus de cooptation et de récupération marche presque toujours. Mais nous verrons plus loin que ceux qui remplacent les colons – que ce soit les nationalistes purs et durs ou ceux cooptés par le pays colonisateur – rédupliquent et entérinent les mêmes tares qu'ils ont eu à combattre. Ce constat est beaucoup plus valable pour les nationalistes. En effet ayant drainé tous les espoirs vers leurs actions politiques, ils n'avaient pas le droit de décevoir.

3 – L'homme de pouvoir et le contrôle de l'économie

Les Africains qui luttent pour les droits et libertés dans leur pays sont animés par des idéaux, des convictions politiques. Étant donné que le colonialisme déshumanise le Noir, il s'agit de briser le discours officiel afin d'instaurer une société exempte de brimades, de répression, d'arbitraire, etc. Nous avons vu que certaines personnes comme Fama abandonnent tout pour se jeter dans la bataille politique. Mais les indépendances ne comblent pas toutes les attentes.

Dans *Les Soleils des Indépendances*, Fama qui a tout misé sur l'indépendance se voit « oublié et jeté aux orties » (SDI, 22). Fama espérait à travers son combat avoir le Secrétariat général du parti ou encore la direction d'une coopérative. La réalité est que faire partie des nouveaux dirigeants demande des préalables. Tout comme l'époque de la colonisation, l'indépendance marque aussi l'avènement d'un nouvel ordre. Ce sont ceux qui ont été à l'école qui dirigent. Or Fama est « analphabète comme la queue d'un âne » (SDI, 23). Nous avons établi que ceux qui luttent sont pour la plupart issus des écoles occidentales. C'est ainsi que dans le contexte de l'indépendance, le pouvoir passe aux diplômés, comme le constate Fama Doumbouya avec amertume : « Passaient encore les postes de ministre, de députés, d'ambassadeurs, pour lesquels lire et écrire n'est pas aussi futile que des bagues pour un lépreux » (SDI, 22-23). En somme, Fama ne reçoit rien de l'indépendance. La nouvelle ère est plutôt celle du profit, des égoïsmes. Nous avons remarqué que les colons imposent une civilisation de l'argent. Les indépendances ne changent rien ; elles apportent plutôt une forme édulcorée de colonisation, à savoir le néocolonialisme. C'est pourquoi les individus comme Fama n'ont rien de concret : « Mais alors, qu'apportèrent les indépendances à Fama ? Rien que la carte d'identité nationale et celle du parti unique. Elles sont les morceaux du pauvre dans le partage et ont la sécheresse et la dureté de la chair du taureau » (SDI, 23).

La nouvelle donne sociale accentue plutôt les clivages sociaux. Il subsiste des inégalités. D'un côté nous avons le bas peuple formé de « mendiants, estropiés, aveugles que la famine avait chassé de la brousse » (SDI, 24), et de l'autre, une nouvelle bourgeoisie qui détient l'essentiel du pouvoir. Cette classe regroupe les députés, les ministres, les ambassadeurs, secrétaires généraux du Parti et autres directeurs de coopératives. En fait, c'est une classe d'exploiteurs qui se bat avec âpreté pour préserver ses privilèges : « Ils s'étaient enrichis avec l'indépendance, roulaient en voiture, dépensaient des billets de banque comme des feuilles mortes ramassées par terre, possédaient parfois quatre ou cinq femmes qui sympathisaient comme des brebis et faisaient des enfants comme des souris » (SDI, 164). Cette situation rend les populations plus pauvres et fait d'une grande partie du pays un espace pour "loqueteux", "truands" et "chômeurs". Des faits similaires peuvent être observés dans *En Attendant le Vote des Bêtes Sauvages*.

Dans ce roman, les chefs d'État se particularisent par leur manière de gérer. Il faut déjà souligner qu'ils gouvernent comme le ferait un chef traditionnel. C'est ainsi que dans chaque pays, le dictateur est le plus riche. En fait, il s'arrange pour l'être, parce que c'est pour lui un impératif catégorique : « Il n'y a pas d'avenir et d'autorité en Afrique indépendante pour celui qui exerce le pouvoir suprême s'il ne s'affiche comme le plus riche et le plus généreux de son pays. » (VBS, 181). Cela se comprend aisément lorsqu'on sait que ces individus mettent en place un circuit bien huilé qui permet de ramener le maximum d'argent dans les caisses privées. Une confusion volontaire s'installe dans la gestion des revenus de l'État et du parti. C'est le principe installé par Tiékoroni dans la République des Ébènes pour s'enrichir. Il l'inculque à Koyaga comme leçon : « Et le dictateur au totem-caïman, avec le sourire malicieux, de préciser qu'il n'a pas besoin de vous apprendre que les ressources du trésor se mêlent aux ressources du parti unique et donc se confondent avec les caisses privées du Président du parti et chef suprême de l'État et des armées » (VBS, 182). Il est clair que le chef d'État se trouve au début et à la fin du circuit. Ainsi, les devises vont tout naturellement dans les caisses privées. Le système est fait de telle sorte que le chef n'a de compte à rendre à personne sur sa gestion. L'impunité lui permet de gérer de façon personnelle. C'est ce qui se dégage de l'essentiel du propos de l'homme au totem-léopard : « Le chef africain consulte des conseillers qu'il a nommés et n'est pas tenu de suivre leur avis. [...] Un vrai chef authentique africain dispose de tout l'argent du trésor et de la banque centrale et personne ne compte, ne contrôle ce qu'il dépense [...] un vrai chef africain use de sa clémence c'est tout » (VBS, 225-226). Les citoyens ne bénéficient des fruits de l'économie que grâce à la "magnanimité" du Président. Mais il y a lieu de voir aussi que le maître temporel multiplie des activités générant des biens. Dans la réalité, il n'y a pas de concurrence avec qui que soit car il se retrouve dans une situation de monopole. Il contrôle tous les secteurs d'activité et s'arroge tous les droits. C'est ce que fait Bossouma l'empereur sous le prétexte d'empêcher les Libanais de contrôler le secteur économique :

L'empereur avait été obligé de tout entreprendre et de s'attribuer tous les monopoles. Le monopole de la photographie des cérémonies de l'empire, celui de la gestion des hôtels de passe et des bars des quartiers chauds, celui de la production de la pâte d'arachide, ceux du ravitaillement de l'armée en viande, riz, manioc, de l'administration en papier hygiénique, de la fourniture des tenues des écoliers, des parachutistes et des marins, etc. L'empereur faisait tout pour tout le pays (VBS, 209).

En outre, étant empereur et chef des armées, Bossouma contrôle la grande muette. Tout d'abord, il est le seul individu à posséder un avion dans le pays et ne manque pas de profiter largement de la situation : « C'était l'Empereur, l'homme au totem hyène qui, à titre personnel, à titre strictement personnel possédait le seul avion de tout l'Empire, une Caravelle. Il la louait de temps en temps (très chèrement) à son armée de l'air et à la Compagnie nationale de transport aérien. Il avait le monopole de la location des aéronefs dans le pays » (VBS, 211). Une situation proche du cocasse quand il est établi qu'il fait louer l'appareil à sa propre personne. Il en profite pour retirer le maximum d'argent possible des caisses de l'État pour son compte personnel.

Par ailleurs, l'homme au totem-Caïman prend des mesures spéciales pour les paysans. Ceux-ci sont exemptés d'impôts. Mais lorsqu'on sait que le Président est justement le plus grand planteur de la République, l'on comprend que cette mesure ne profite qu'à lui seul. Même le fait de céder ses plantations au peuple n'est qu'une grande mascarade. Car le transfert de propriété ne sera jamais signé : « Les plantations, après leur dévolution au peuple, deviennent publiquement et politiquement des biens de l'État tout en restant les propriétés privées du Président qui seul empoche la totalité de l'usufruit exempt de tout impôt » (VBS, 183).

Le monopole des chefs d'État installe un système qui fonctionne à coups de prébendes. La kyrielle des quémandeurs et autres courtisans est entretenue par la distribution des billets de banque. Par ce procédé, le Président passe pour être le plus généreux, le plus magnanime. Dans la République des Ébènes, le "Vieux", "le Sage d'Afrique", "le Bélier de Fasso" l'a aisément intégré : « Un vrai et grand chef africain [...] offre. Offre à ceux qui lui rendent visite. Offre à ceux qui ne lui rendent pas visite. Offre à ceux qu'il aime, à ceux qui le détestent, à ceux qui sont pauvres et dans le dénuement, à ceux qui sont riches et dans l'opulence » (VBS, 181). C'est pourquoi il s'arrange toujours à avoir de l'argent à portée de main, de l'argent liquide, comme tout chef : « Partout, il avait à portée de main un sac de billet de banque et aucun visiteur ne sortait de chez lui sans une enveloppe » (VBS, 192). Il est nécessaire d'ajouter que le système prébendier installe une corruption à haute échelle. Le président ayant le pouvoir matériel corrompt tout le monde et amène les individus à approuver tout ce qu'il fait. Le procédé lui permet d'avoir l'aval de tous, même celui des journalistes qui pourtant, chaque fois, doivent avoir une vision critique des choses : « C'est par la ruse des enveloppes qu'il est parvenu à rendre lourdes les langues et les plumes de tous les journalistes qui devaient parler de lui et de son pays » (VBS, 192). A ce niveau, il est aisé de remarquer que les pratiques de Tiékoroni, l'homme au chapeau mou se rapprochent sensiblement de celles qui avaient cours en Côte-d'Ivoire sous le règne d'Houphouët Boigny. Certains indices nous permettent de faire des parallèles. Tout d'abord, les expressions comme "le Vieux", "le Sage d'Afrique" servaient à désigner le président ivoirien. Le qualificatif d'homme au chapeau mou qu'on retrouve dans l'œuvre nous rappelle le goût prononcé qu'avait Houphouët pour les chapeaux. Par ailleurs, un autre nom que Tiékoroni dans *En Attendant le Vote des Bêtes Sauvages* affectionne est le "Bélier de Fasso". Dans la réalité, le président Houphouët Boigny se faisait aussi appeler le Bélier. Il faut dire que cela est lié à son patronyme comme le remarque Christian Castéran : « Le Bélier, Boigny en Baoulé ; c'est-à-dire le révolutionnaire, le père fondateur, le président à vie » (Castéran, 1998 : 115). Dans l'œuvre, d'autres éléments référentiels comme la construction de la basilique, le transfert de la capitale dans son village, sa passion pour les caïmans permettent de faire certains rapprochements.

Nous avons évoqué la distribution des prébendes par Tiékoroni dans l'œuvre. Houphouët Boigny a reconnu officiellement cette pratique en Côte-d'Ivoire au cours d'un discours mémorable ; car pour lui il y a une interconnexion étroite entre le réseau du pouvoir et les crédits :

Le budget de la Présidence de la République est de deux milliards de francs [CFA](frais personnels et fonds politique). Je ne suis pas égoïste. Pour moi, l'argent ne compte que par le bon usage qu'on en fait. C'est le bon usage qui donne la valeur à l'argent. J'ai demandé à trois représentants, dont l'un se trouve dans cette salle, de gérer un peu de ce fonds politique. Le quatrième qui distribue le plus et qui, n'étant pas du pays, ne fait pas de distinction, est mon secrétaire général du Gouvernement. Il y a des gens qui vont jusqu'à demander des avances sur un an. Ce que j'accepte. Par exemple, il y en a qui demandent que je leur donne un million deux cent mille francs lorsqu'ils ont droit à cent mille francs par mois (Bayart, 1989, 105)

Le président ivoirien avait osé dire tout haut ce que ses pairs africains faisaient tout bas. Dans *En Attendant le Vote des Bêtes Sauvages*, ceux qui détiennent le pouvoir ne lésinent sur aucun moyen pour s'enrichir. Bien évidemment, leur entourage profite des retombées de la cour assidue effectuée. Le clientélisme politique installe une société de profit où s'enrichir devient le credo de tout le monde. Le vol des biens publics constitue une valeur sûre qui hisse les individus au sommet, même si ceux-ci doivent utiliser tous les moyens. C'est ce qui amène Jean François Bayart à parler de "kleptocratie" : « En réalité, maints régimes du continent fonctionnent vraiment comme des " kleptocraties". Lourde d'enjeux matériels, la compétition entre les chefs de réseau ne se prive alors d'aucun moyen, pour radical qu'il soit » (Bayart, 1989 : 288). La primauté observée au niveau économique est transférée au niveau politique. Le maître se présente comme étant le seul et unique détenteur du sens. Il prend des décisions sans avoir de comptes à rendre à qui que ce soit.

4– L'instauration de la dictature

Les nouveaux pouvoirs ne changent rien en Afrique car ils reprennent et entretiennent les exactions de l'ancien régime. Cela aboutit immanquablement à un climat de terreur fait d'espoirs étouffés et déçus.

En effet, ceux qui prennent le pouvoir instaurent un discours aussi radical que celui des colons français. Kourouma dans ses textes évoque le règne de Bokassa, Mobutu, Hassan II, Houphouët Boigny, Samuel Doe, Sékou Touré… Ce sont des personnalités qui, dans leurs pays, ont imposé le parti unique et la pensée unidimensionnelle. Les citoyens sont tenus de militer dans un seul parti politique et de payer régulièrement les multiples cotisations obligatoires s'ils veulent prospérer. Le cas du père de Diakhité dans ***Les Soleils des Indépendances*** est édifiant à cet égard : « Il adhéra, paya les cotisations pour lui, sa famille, ses bœufs et ses trois camions. Le lendemain on le manda encore ; il devait payer les cotisations du parti des années courues depuis la création de la L.D.N. : dix années de cotisation pour lui, son fils, ses dix femmes, ses soixante bœufs et ses trois camions. Il s'en acquitta » (SDI, 86). Nous constatons que c'est par la coercition que les citoyens adhèrent au parti. Ils sont harcelés par les responsables de cette formation politique. Leurs biens sont réquisitionnés comme c'est le cas avec les camions du père de Diakhité. Ils n'ont pas de choix à faire puisque de toutes les manières, la L.D.N. est le seul bon choix. En outre, le président de la République est maître après Dieu, car il concentre entre ses mains tous les pouvoirs. Il est à la fois chef de l'État, chef du parti unique, chef des armées, guide spirituel et impose une logique de fonctionnement qui ne doit pas être contestée par qui que soit. Il est en effet impossible dans ce contexte de fonctionner à !'inverse de ce qui est admis par la norme. Toute velléité de contestation est irrémédiablement tuée dans l'œuf.

A la lecture des livres de Kourouma, il se dégage un exercice du pouvoir qui va à l'inverse de la norme, de ce qui est reconnu. Les détenteurs du verbe mettent tous les moyens en place pour se fossiliser au pouvoir et amener les individus à les soutenir même si c'est par la contrainte. Tout d'abord de manière générale, la conquête du pouvoir se fait toujours avec un certain nombre de personnes. Seulement, l'élu s'arrange à faire table rase autour de lui : « Même chez deux aveugles voleurs de poulets, chacun sait qu'après la réussite d'un coup de maître, on n'est jamais tranquille, rien ne reste acquis tant que le compère est vivant avec vous ici-bas » (VBS, 204). Par ailleurs, les différents présidents utilisent la stratégie de la famille pour prévenir tout putsch. Koyaga met tout en œuvre pour avoir des alliances dans toute la République. C'est pourquoi il décide de prendre femme dans chaque ethnie du pays : « Vous pensez que bien diriger votre République vous demande d'être un peu de toutes les ethnies du pays, d'être allié à toutes les ethnies du pays. Vous vous attribuez au moins une femme de chacune des quarante- trois ethnies de la République » (VBS, 282).

La même stratégie s'observe au niveau de l'armée, car c'est le point le plus sensible d'un régime dictatorial : « Pas d'état-major d'une armée ou d'un régiment qui n'ait au moins un fils ou un gendre de Koyaga. C'est ce lien de sang, de famille qui assure la cohésion de l'armée du pays » (VBS, 284). Seulement, quand on sait que le quatrième attentat est monté par un de ses gendres et son beau-frère, l'on comprend que « Le complot des beaux » (VBS, 286) vient démontrer la fragilité de ce stratagème. Ce type de menace permanente conduit à l'installation d'un régime arbitraire et répressif. Un simple soupçon devient le prétexte pour commettre les exactions les plus horribles. Même la parfaite innocence de l'individu ne suffit pas à assurer une barrière contre la machine infernale de la dictature. L'homme au totem caïman ne met pas de gants pour étaler sa cruauté : « Ajoutons qu'il était cruel. Il torturait d'une façon affreuse des amis et des parents qu'il continuait d'aimer et savait parfaitement innocents. Oui il était féroce » (VBS, 192). Par ailleurs, les prétextes les plus futiles deviennent des arguments en béton pour emprisonner. Maclédio, à son passage dans le pays de Nkoutigui, est responsable de l'idéologie à la radio. C'est un poste qui le met au-dessus du ministre de l'information. Il sera arrêté et torturé pour n'avoir pas cité une pensée de l'homme au totem lièvre qui est un poète assez médiocre : « Lors de leur première rencontre, le dictateur avait interrogé Maclédio sur sa préférence en poésie. Maclédio, sans hésitation, avait dit ce vers de Senghor :

"Savane noire comme moi, feu de la mort qui prépare la re-naissance". Ce fut une faute. Maclédio manqua de citer une des pensées du dictateur » (VBS, 160).

En outre, le système est coercitif et répressif. Ceux qui ont trempé dans un coup d'État ou qui sont soupçonnés subissent la répression inhumaine de la machine démentielle. Le potentat du pays de Djebels, l'homme au totem-chacal n'hésite pas à faire exécuter tous ceux qui essaient d'attenter à sa vie. Il en arrive même à faire périr tous les membres de la famille des conjurés car pour lui, il faut tuer le mal à la racine :

La répression fut inhumaine. Le roi répéta encore qu'Allah l'avait "placé sur le trône pour sauvegarder la monarchie" et que "pour cette sauvegarde, il ne faut pas hésiter à faire périr le tiers de la population". Il fit fusiller tous les conjurés, fit mettre aux fers leurs femmes, enfants, frères et sœurs et les enferma sans jugement au secret dans un fort tout le reste de leur vie... [4] (VBS, 247-248).

Nkoutigui, lui, installe l'autocratie, l'autoritarisme dans son pays. Il procède au remplacement systématique de tous les cadres blancs. Combattant fermement le capitalisme, il rompt solennellement avec le général De

---

4. La séquence rappelle l'affaire Oufkir au Maroc où Hassan II fit enfermer toute la famille du général Oufkir qui avait commandité un attentat contre lui.

Gaulle pour, dit-il, rétablir le Noir dans sa dignité (VBS, 154). La voie du socialisme qu'il choisit afin de préserver la dignité du Noir n'est qu'une façade. C'est plutôt l'occasion de bafouer les libertés car tous ceux qui tiennent des discours excentrés par rapport à l'idéologie du régime sont tout de suite mis à l'index. Il y a aussi lieu de voir qu'à défaut d'exécuter les éventuels conspirateurs, le maître du pouvoir les torture, afin que s'opère un changement radical de la personnalité. Maclédio le responsable de l'idéologie de Nkoutigui sera comme nous l'avons dit, arrêté parce qu'il aurait trempé dans un complot. Les tortionnaires lui font vivre des sévices de toutes sortes : « Comme tous les détenus politiques, Maclédio commença par la cabine technique. Il y subit la flagellation, la brûlure à petit feu des plantes des pieds, les arrachements des ongles et autres épreuves comme celle de l'eau et de l'électricité » (VBS, 157-158). Il est, à chaque évanouissement, soumis à des soins intensifs et nourri copieusement pendant près d'une semaine pour être prêt pour un nouvel interrogatoire, de nouvelles tortures. Ces exactions ne s'arrêtent que lorsque Maclédio reconnaît avoir fomenté un coup de force auquel en réalité il ne comprend rien. Dans le camp Kabako, les prisonniers sont astreints à un rythme de torture et d'enfermement tels qu'ils en arrivent à perdre toute notion de temps : « Mais rien ne filtrait des prisons de Nkoutigui. Le condamné n'avait aucune nouvelle de sa famille et la famille aucune information sur le détenu. Toutes les journées se ressemblaient. L'absence de calendrier et de contact avec l'extérieur finissait par faire perdre le sens du temps au prisonnier du camp Kabako » (VBS, 165). Maclédio est condamné à être exécuté. Ses soixante et onze codétenus seront tués et il sera le seul à rester vivant. Bien avant ce tourment extrême Maclédio est, comme nous l'avons vu, torturé. S'il l'est physiquement, il le sera aussi psychologiquement puisque Nkoutigui pousse le cynisme et la cruauté en l'appelant au téléphone lors des séances de torture. Il affirme vouloir renouveler l'amour, la confiance qu'il a envers Maclédio :

Dans la cabine, pour la troisième fois, on vous installe. Les tortionnaires s'apprêtent à brancher le courant quand le téléphone sonne. C'est Nkoutigui en personne qui est à l'appareil [...] Le Responsable suprême veut parler à Maclédio. L'entretien entre le maître absolu du pays et le supplicié que vous étiez se réalise sur un ton familier, amical, affectueux et même banal. Le dictateur vous renouvelle sa confiance, vous encourage. Il vous interpelle."Chacun à son poste a à accomplir tous ses devoirs, tous ses devoirs envers l'Afrique, envers le Noir et le socialisme (VBS, 158-159).

Il existe ainsi des éléments référentiels qui renvoient explicitement à une réalité connue en Afrique. Les pratiques susmentionnées rappellent les agissements de l'ancien président de Guinée, Ahmed Sékou Touré, décédé le 26 mars 1984. L'on se rappelle le fameux et tonitruant "non" historique que ce président lance en 1958. Il signifiait au général De Gaulle sa volonté de couper tout lien avec l'idéologie coloniale au nom de la liberté de l'homme noir : « En Guinée : le 25 août [1958], Sékou Touré, dans un discours officiel, prononce ces paroles : «Nous préférons la pauvreté dans la liberté à la richesse dans l'esclavage" » (Agendafrique, 1985 : 249). En outre, les pratiques de Nkoutigui par rapport aux détenus sont identiques à celles que Sékou Touré appliquait. Sous son règne, la cabine technique mentionnée dans l'œuvre est une réalité. Et le président en personne effectuait souvent des appels téléphoniques aux prisonniers, comme le remarque Jean François Bayart : « Un Ahmed Sékou

Touré pouvait aussi bien s'entretenir au téléphone avec les détenus du camp Boiro que son propre demi-frère envoyait à la torture. Conversations d'un surréalisme atroce qui, parfois, se tenaient à la sortie de la "Cabine technique" » (Bayart, 1989 : 285-286). Et l'auteur de reproduire une conversation où le président réitère sa confiance, son amour à un prisonnier. Il lui annonce même qu'il a accepté d'être le parrain du bébé du détenu.[5]

Ces pratiques qui consistent à user psychologiquement les prisonniers politiques dans *En Attendant le Vote des Bêtes Sauvages* poursuivent un but précis. Il s'agit d'un lavage de cerveau savamment orchestré qui vise à changer la perception de l'individu. L'on prend ainsi soin de lui implanter de nouvelles convictions qui peuvent même être totalement opposées à celles qu'il avait avant. D'ailleurs, Tiékoroni n'y va pas de main morte. Il charge une équipe spéciale de sorciers et de marabouts d'annihiler tout comportement réactionnaire chez les détenus : « Sa sœur commandait une équipe de sorciers et de marabouts qui inventaient des philtres. Des philtres qu'elle faisait consommer aux détenus pour laver leur cerveau de toute volonté de prendre le pouvoir, pour laver leur cœur de toute haine à l'endroit de l'homme au totem caïman » (VBS, 189-190). Il s'agit d'une technique efficace, car celui qui est torturé finit par craquer. Koyaga utilise la même méthode pour instaurer le parti unique. Il s'arrange à fabriquer des coups d'État fictifs et fait arrêter les opposants de son régime. Ceux-ci sont torturés au point de renier leurs idées, leurs idéaux. Ils en arrivent même à voter des motions demandant la clémence du Président.

5. A ce sujet, il est intéressant de lire le témoignage de J.P. Alata, *Prison d'Afrique. Cinq ans dans les geôles de Guinée*, Paris, Le Seuil, 1976.

C'est ainsi qu'ils sabordent leurs partis pour intégrer celui du Président. L'on comprend que Serge Hutin ait raison de dire qu'« avec le lavage des cerveaux, on a désormais visé à obtenir quelque chose de plus : non seulement détruire toute résistance psychique du sujet et le forcer à l'obéissance passive, mais faire que sa soumission finisse par devenir active, obtenir que la victime renonce à ses propres convictions pour adopter avec un fanatisme déchaîné l'idéologie des interrogateurs » (Hutin, 1973 : 165).

Comme nous l'avons vu, les régimes rencontrés dans *En Attendant le Vote des Bêtes Sauvages* fonctionnent suivant une idéologie et une logique précises. Son mécanisme privilégie la gabegie, l'impunité, la corruption. Il est impossible dans un tel contexte de mener un projet qui va à l'inverse de ce qui est admis. Ceux qui évoluent à contre-courant sont tout de suite mis à l'écart et ne bénéficient pas des "fruits" du régime. C'est pourquoi Gaby, un architecte sénégalais n'arrive pas à gagner des marchés dans le pays de l'homme au totem léopard malgré la lettre de recommandation du Président du Sénégal. Il aura toutes les peines pour voir le Président et lui soumettre son projet de construction de l'immeuble de la radio et de la télévision, et ce, malgré les pots de vin donnés au passage : « L'architecte, malgré le nombre de barbes copieusement mouillées dans l'entourage du dictateur, n'avait jamais réussi à gagner de marché dans le pays. Ses concurrents s'étaient toujours trouvés plus généreux dans la manière "de parler français", dans "le geste national" » (VBS, 229). En clair, dans toutes les strates de l'administration, la corruption est un fait admis. Nous avons déjà dit que les tenants du régime croient fortement au mysticisme. C'est pourquoi même au niveau politique les fétiches ont encore une large audience.

5 - Le politicien et le féticheur-marabout-sorcier

La logique du pouvoir intègre naturellement les pratiques magico-religieuses. C'est l'un des paramètres clé de ces dictatures. Comme nous l'avons examiné, c'est sur l'irrationnel que se greffent tous les actes des chefs d'État. Il faut même dire qu'ils ne s'en cachent pas, puisque les devins, les marabouts, et les féticheurs sont reconnus officiellement. C'est pourquoi ils défilent lors de la commémoration du 30e anniversaire de l'indépendance de la République du Golfe : « Bizarrement habillés et équipés, ils avancent en esquissant des gestes extravagants, vociférant des prières, des évocations. Ce sont les féticheurs et les sorciers qui travaillent dans les cantons et dans les villages pour la sécurité du Président, sa protection et le bonheur du pays » (VBS, 318).

L'homme au totem léopard pour sa protection, se donne Tapa Gaby comme conseiller en affaires occultes, qui se charge de le ravitailler en marabouts. Il faut noter que ce personnage avait été présenté à l'homme au totem léopard comme architecte. Mais parce qu'il n'avait pas compris le langage de la corruption, aucun de ses projets n'est retenu. Après avoir analysé la situation, il se rend compte que seul un subterfuge lui permettra de pénétrer dans le sérail. Il invente une histoire de marabout qui lui donne la possibilité de capitaliser l'attention de l'homme au totem léopard. Tapa Gaby devient le « fournisseur émérite du chef de l'État en marabouts, sorciers et autres experts en affaires occultes » (VBS, 229). C'est ainsi qu'un architecte, pour vivre se fait spécialiste en affaires occultes. Tapa Gaby le fournisseur a une telle notoriété qu'il ravitaille presque tous les Présidents africains en devins (VBS, 229-230). En plus, chez Koyaga, le recrutement des éléments de sa garde rapprochée se fait à travers le pacte de sang. Chaque année, il organise le *dankun* qui est la plus grande fête des chasseurs et qui s'étend sur sept jours. Au cours de la cérémonie, un certain nombre de rites initiatiques sont exécutés avec les différents champions de luttes qui intégreront la garde présidentielle : « Pendant trois jours et trois nuits, vous et quelque six vieux sorciers du pays, vous vous retirez avec les trente champions [...] Pendant ces trois jours, vous consommez ensemble de la viande de chien et buvez ensemble des macérations préparées par votre mère et son marabout. [...] Le pacte de sang assure, garantit la fidélité des champions à votre personne » (VBS, 307).

Ces pratiques font de ces hommes des fidèles compagnons de Koyaga. Tous les actes qui vont à l'encontre des décisions du dictateur font l'objet d'une répression sanglante. Les individus recrutés sont les exécuteurs des basses besognes du régime et surtout, les garants de la sécurité présidentielle. Ils aident Koyaga à prendre le pouvoir et le confirment dans son rôle de Guide Suprême en installant un climat de terreur permanente. L'exécution de leur mission se fait avec une férocité qui justifie bien le nom qu'ils portent. En effet, c'est à dessein que Koyaga choisi ce nom pour les désigner. Il l'explique clairement aux tirailleurs qui constituent sa troupe d'élite lors de la conquête du pouvoir :

-Vous êtes ma meute de vingt lycaons. [...]A un tirailleur qui demande ce qu'était une meute de lycaons, Koyaga répond avec le sourire. Les lycaons encore appelés chiens sauvages sont les fauves les plus méchants et féroces de la terre, si féroces et méchants qu'après le partage d'une victime chaque lycaon se retire loin des autres pour se lécher soigneusement, faire disparaître de la pelure la moindre trace de sang. La meute dévore sur place tous les membres de la bande négligemment nettoyés les croyant blessés. [...] Nous tuerons sans hésiter celui qui parmi nous paraîtra flotter, douter ou reculer (VBS, 89).

L'on comprend pourquoi ils sont implacables dans leurs agissements. La fraternité spirituelle devient plus puissante que celle consanguine. En ce sens, Jean-Pierre Ombolo, citant Tegnaeus dit : « Un frère de sang est considéré comme un ami beaucoup plus cher qu'un véritable frère... La base fondamentale de la fraternité de sang est un contrat légal. Les obligations envers le frère de sang engagent plus directement » (Ombolo, 2000 : 20). Par ailleurs, Koyaga procède à un rituel précis lorsqu'il exécute quelqu'un ; il l'émascule et enfonce les organes dans la bouche de la victime. Ce rituel a pour objet d'anéantir les "*nyamas*", la force immanente qui pourrait venger la mort de la victime. Nkoutigui n'est pas en reste. Chaque exécution des condamnés est pour lui l'occasion de renforcer son pouvoir. Ceci se fait par les rapports sexuels qu'il a avec les veuves des condamnés :

L'homme en blanc ne se contentait pas de tuer les comploteurs, il se couchait avec les veuves des condamnés à mort le jour même de l'exécution ou de la pendaison de leur époux. La nuit même pendant qu'elles étaient encore chaudes de la mort de leur mari, pas toujours par plaisir ou sadisme, mais par nécessité, par devoir. Ce rite sacré (se trouver dans le lit d'une femme au moment où on fusille son mari) permettait à l'homme en blanc totem-lièvre de s'approprier la totalité des forces vitales des victimes (VBS, 156-157).

Il est évident qu'il s'agit d'un régime cannibale qui évolue selon des canons précis. Celui qui veut fonctionner à contre courant est tout de suite taxé de déviant, de communiste. En effet, la menace rouge est l'un des prétextes utilisés pour anéantir, briser toute velléité de revendication. D'où l'imposition d'un discours unique, d'une pensée unidimensionnelle. Nous assistons ainsi à une occultation systématique des particularités comme l'écrit Pierre Ansart : « En occultant les particularités, l'idéologie refuse la parole aux groupes partiels et, en excluant leur accès à la parole, en les contraignant à s'exprimer dans le langage imposé, participe à leur destruction » (Ansart, 1977 : 236-237).

Mais à bien y regarder, on remarque que les différents maîtres temporels sont des déviants. Nous avons dit que la plupart de ces régimes sont cannibales car ils dévorent tout sur leur passage. La perversion que subit le pouvoir montre aussi la déviance de ceux qui l'exercent. Les maîtres temporels sont des fous mégalomanes imbus d'un narcissisme exacerbé. Cela peut se comprendre en analysant leurs différents parcours. Nous avons susmentionné que ces dictateurs ont des passés communs au niveau des rapports avec les parents. En ce qui concerne Koyaga, le personnage introjecte fortement les images de son père et de sa mère. Les derniers jours de son père ne l'ont pas laissé indifférent : « L'image de mon père en agonie, en chaînes, au fond d'un cachot, restera l'image de ma vie. Sans cesse, elle hantera mes rêves. Quand je l'évoquerai ou qu'elle m'apparaîtra dans les épreuves ou la défaite, elle décuplera ma force ; quand elle me viendra dans la victoire, je deviendrai cruel, sans humanité ni concession quelconque » (VBS, 20).

Avec sa mère, le personnage développe une relation si étroite qu'elle se mue en inceste symbolique. La mère devient incontournable dans la vie de Koyaga. Elle est la mère, la conseillère et l'aimée :

Les relations entre vous Koyaga et votre mère sont trop étroites. On vous accuse d'amour incestueux [...]. Mais l'accusation se justifie par votre comportement. Elle s'assoit souvent sur vos jambes ou vous vous asseyez sur ses jambes. Très souvent, vous vous couchez dans le lit de votre mère. Chaque fois que des soucis importants vous tenaillent, vous entrez dans la chambre de votre maman, vous vous débarrassez de votre képi de général, de votre veste [...] et plongez dans le lit de votre mère (VBS, 279).

L'on comprend aisément que ces troubles de la personnalité se répercutent dans l'exercice du pouvoir. D'où le cynisme, la mégalomanie, bref la dictature féroce qui sévit dans la plupart de ces républiques. Dans le pays de Koyaga, les populations subissent le diktat du potentat. Étant maître chasseur, le président décide de créer une réserve qui devrait être l'une des plus importantes d'Afrique. Il n'hésite pas à déguerpir les populations qui se retrouvent sans terres :

Vous avez doté votre pays de la plus grande réserve de chasse de l'Afrique de l'Ouest, du plus grand parc d'animaux de la région. [...] Sur des milliers d'hectares, le long du fleuve, les villages ont été rasés. Les paysans ont été expulsés de leurs terres, ont été contraints d'abandonner les tombes de leurs ancêtres, leurs bois et lieux sacrés. Sans que le moindre souffle de pitié vous ait touché le cœur et sans que vous, dans vos paroles, ait apparu un instant l'éventualité d'une petite compensation pour les malheureux (VBS, 298).

Pour que cette réserve soit la plus giboyeuse d'Afrique, des militaires sont chargés d'assurer la sécurité des animaux. Les consommateurs de viande sont sévèrement sanctionnés lorsqu'ils sont découverts :

Vous avez protégé les animaux, fait gérer la réserve et la chasse. Avec les mêmes méthodes drastiques et inhumaines [...]. Des brigades, sans sommation, ont tiré sur les braconniers, en ont abattu. Aux heures des repas, des patrouilles ont parcouru les villages limitrophes de la réserve. Elles ont fouillé dans leurs canaris, leurs calebasses, ont examiné entre les dents des mangeurs. Les consommateurs de viande de gibier ont été arrêtés sur place, jugés et lourdement condamnés (VBS, 297-298).[6]

Pour le dictateur, les animaux sont plus importants que les hommes. Les villageois n'ont même pas la consolation de consommer la chair de ces innombrables animaux qui ont pris leur place. D'ailleurs, le potentat est tellement porté sur les animaux qu'il va même jusqu'à croire que si les hommes, les citoyens refusent de le voter pour la présidence, les animaux se chargeront de le faire : « Car vous le savez, vous êtes sûr que si d'aventure les hommes refusent de voter pour vous, les animaux sortiront de la brousse, se muniront de bulletin et vous plébisciteront » (VBS, 358). La logique du totémisme trouve ici sa justification.

En somme, un monde où la surréalité se dispute la place au vrai. Cette situation n'est pas très loin des faits vécus au Togo du président Eyadema. En 1990, un décret créant une réserve animale au Nord du pays est signé. Ce texte appliqué dans toute sa rigueur ne tient pas compte du sort des populations. En outre, la croyance de Koyaga en ses animaux n'est pas très loin de celle du Président Eyadema si l'on en croit ce qu'Ahmadou Kourouma lui-même rapporte au cours d'une interview : « Un jour, un de ses partisans, originaire du même village que lui, m'a affirmé : " Pour les élections, Eyadema n'a rien à craindre, car si les hommes refusaient de voter pour lui, les bêtes

6. A ce sujet, il est très intéressant de voir un documentaire que "Taxi-Brousse" d'Ernest Kaho a consacré au problème. On peut y entendre les témoignages et voir les conséquences de ce décret.

sauvages viendraient voter pour lui". Et Eyadema était convaincu qu'effectivement les bêtes sauvages quitteraient la forêt pour venir voter pour lui » (Armel, 2000 : 100). D'ailleurs l'auteur de *En Attendant le Vote des Bêtes Sauvages* ne cache pas ses motivations d'écriture lorsqu'il décide de produire son texte : « Eyadema, le dictateur du Togo, a été un des modèles qui m'ont servi pour décrire Koyaga, le dictateur du roman » (Armel, 2000 : 100).

Les régimes de terreur, d'oppression et de répression n'empêchent pas les individus de se révolter. Et c'est pourquoi va naître une volonté de balayer l'ordre en place. C'est ainsi que les coups d'État deviennent une tradition. En Afrique, ce procédé tend à devenir une stratégie normale de prise de pouvoir. Ces coups de force se font presque toujours dans le sang, des assassinats. Dans *En Attendant le Vote des Bêtes Sauvages*, la prise de pouvoir par Koyaga se caractérise par la brutalité et la violence. Ceux qui prennent le pouvoir ne font qu'une mascarade politique. Ils donnent l'impression que le pouvoir a changé de main pourtant le fond reste le même. Les citoyens continuent à subir les sévices du régime en place. En plus, le dictateur prend la figure du Messie. En effet, il se présente comme celui qui vient nettoyer la maison, - comme Jésus chassant les marchands du temple - et sauver les âmes en peine ; une action qui rétablira la paix, la justice et la prospérité dans le pays. Nous avons ainsi une dimension millénariste des coups d'État. Ce processus cadre bien avec des imaginaires qui ont été nourris de légendes et de mythes. Mais la fabrication des mythes a des limites. Voilà pourquoi Ahmadou Kourouma dans ses textes montre comment le système s'autodétruit à cause de la surenchère des féticheurs et des marabouts qui ne sont finalement que des vendeurs d'illusions.

CHAPITRE III
L'IMAGINAIRE COLLECTIF ET LES ILLUSIONNISTES

A- LA FABRICATION DU MYTHE

Les œuvres d'Ahmadou Kourouma montrent comment les personnages accordent une très grande importance à l'imaginaire. Même les phénomènes relevant du rêve prennent des proportions importantes et sont pris en considération. Les hommes se font une image de leurs dirigeants, qui est une imagerie savamment entretenue par les Maîtres. Les représentations mentales des populations permettent aux dictateurs d'installer des mythes de toutes sortes qui contribuent à créer davantage un climat de peur et de terreur permanentes.

1. Les rêves et la gestion du pouvoir

Comme nous l'avons déjà dit, la croyance aux rêves et à leur interprétation est une donnée importante pour beaucoup de personnages dans les textes étudiés. Dans *Les Soleils des indépendances*, Fama apprend à ses dépens que le principe onirique guide paradoxalement les modalités de fonctionnement des institutions étatiques. Il a fait un rêve dont Nakou, un ministre est le sujet. Il ne réussit pas à lui communiquer le contenu de ce rêve prémonitoire. C'est le juge, qui est en principe le garant de la raison en justice qui demande à Fama pourquoi il n'a pas communiqué la substance de son rêve aux autorités. Pendant la phase de l'interrogatoire, il doit raconter dans sa déposition tout ce qu'il sait à propos de son rêve. Sur cette base, et parce qu'il n'a rien dit aux autorités, Fama est inculpé pour participation à un complot visant à renverser le président de la République des Ébènes. A la fin de l'interrogatoire, le juge dit : « Dommage ! Dommage ! s'écria le juge. On l'aurait interprété et c'eût été utile ; beaucoup de malheurs survenus depuis auraient été évités » (SDI, 173). Ainsi, la sécurité d'un pays tient à un rêve. Ce qui n'est pas sans rappeler *Le Maître des songes* d'Ismaël Kadaré, dans lequel tout un ministère a été crée pour exploiter et interpréter les songes que les habitants sont tenus de raconter chaque jour au représentant local de l'administration centrale.

L'utilisation des éléments relevant du rêve est aussi une pratique courante dans *Monnè, Outrages et Défis*. En effet, les individus se basent presque toujours sur les rêves pour interpréter les événements de la vie ou pour prévoir ce qui pourrait arriver. Nous avons vu que c'est à travers un rêve que Djigui est informé des dangers auxquels est confrontée la dynastie des Keita. Lors de la période coloniale, les colons instaurent la conscription, les travaux forcés ; ce qui a la conséquence de décimer les populations. Djigui dans un cauchemar se voit travailler dans un chantier dans des conditions effroyables. Il subit la faim, la maladie et frôle même la mort (Monnè, 88). Les oniromanciens du royaume sont formels. C'est un rêve prémonitoire qui annonce la disparition totale du peuple de Soba du fait de la colonisation. Il faut absolument, dans ce cas faire le grand sacrifice pour endiguer le mal. C'est une pratique instaurée par la dynastie pour écarter un grand danger qui guette le pays. Cette cérémonie est pour les populations l'occasion de raconter leurs songes :

"Amen", s'écria une femme en guenilles. Elle raconta son dernier rêve qui avait été traversé par la voix de Djigui et félicita le roi d'avoir pris la décision d'exposer un grand sacrifice. Des exclamations de surprise suivirent sa déclaration. Trois autres femmes et quatre hommes, tous des humbles, tour à tour racontèrent des rêves qui avaient été troublés par des fantômes de fils, de pères, de sœurs ou de frères morts au Sud. Ils complimentèrent Djigui pour ce glorieux et grand sacrifice qui calmerait toutes les âmes errantes. Des exclamations, après chaque déclaration, fusaient de la foule (Monnè, 93).

Cette cérémonie est aussi l'occasion de parler des choses anormales qui se passent dans la région. C'est ainsi qu'un personnage déclare avec le plus grand sérieux du monde, que le poulet qu'il tient en main a chanté au milieu de la nuit et a pondu un œuf de lézard. Un autre, non moins sérieux montre une chèvre qui a mis bas un petit cochon… Autant de bizarreries qui font du grand sacrifice un impératif pour les populations de Soba. Il faut rappeler que lors du grand sacrifice il y a qu'une seule alternative. Soit le roi meurt s'il y a échec, soit il obtient tout ce qu'il veut car à ce moment il est en relation directe avec les esprits ancestraux et Allah. Djigui vivra, mais le mal colonial reste vivace et c'est pourquoi il trouve quelque consolation dans le Coran :

Djigui espérait beaucoup du second sacrifice du règne. Les bénéfices tardant à se manifester – la désagrégation de la société se poursuivant, et les demandes du Blanc ne diminuant pas -, il fit venir un marabout du Nord et l'interrogea. Même le grand sacrifice n'avait pas pu et ne pouvait pas transformer les nazaréens ni adoucir leurs faits. C'étaient eux qui étaient désignés dans le Coran sous le vocable "égarés". Ceux qui avaient délibérément choisi de posséder le monde au prix d'être voués à l'enfer le jour de la résurrection et qui pouvaient donc, ici bas, se permettre toutes les inhumanités sans qu'aucun sacrifice puisse mieux les inspirer, les détourner, les dissuader, les moraliser (Monnè, 97).

Comme on peut le constater, ce sont les rêves qui guident les agissements des personnages. Malheureusement leur interprétation n'arrive pas toujours à résoudre les problèmes qui se posent. Dans *Les Soleils des Indépendances*, les individus fonctionnent sur le même modèle. Lorsque Fama rentre au village, Balla le féticheur est le principal interprète de ses songes (SDI, 123). Mais tout comme dans *Monnè*, aucune solution valable ne sort de ces interprétations.

Mais dans *En Attendant le Vote des Bêtes Sauvages*, les individus poussent à l'extrême l'utilisation des rêves. Bokano le marabout a la révélation de sa mission sacrée à travers un rêve : « Il avait été saisi d'un rêve que tout musulman souhaiterait vivre. Sur un coursier blanc, le chapelet à la main, dans le rêve il s'était vu foncer vers l'est, monter au ciel. Dans le blanc laiteux du soleil, la sainte Kaaba s'était dessinée et il s'était senti léger et ailé. Il baignait, naviguait dans un monde de délectation, un monde d'infinies jouissances et de plaisir » (VBS, 53). La séquence rappelle fort opportunément le Miraj, la fameuse nuit du destin au cours de laquelle le Prophète Mahomet est arrivé vivant devant la face d'Allah.

Bokano devient un élu d'Allah après avoir passé quelque temps avec son maître. Il n'aura même pas à expliquer son songe puisque le saint homme lui aussi, a bien avant, eu ce rêve qui fait de Bokano un marabout émérite. Le maître de Bokano est tellement au fait de ce songe qu'il réveille le myste juste au moment de la révélation : «Il fut brutalement secoué, réveillé par l'Uléma :

- Bokano réveille-toi ! Réveille-toi, Bokano. Redis après moi dix fois Allakoubarou ! Allakoubarou ! (Allah est grand). Bokano dix fois répète [...]. Bokano essaie de raconter son rêve au saint homme. Le maître l'arrête dans ses explications. Il était déjà informé du rêve » (VBS, 53).

Par ailleurs, Bokano sera aussi mis au courant du statut d'élue de Nadjouma par le biais d'un rêve. C'est ainsi que la jeune femme sera choisie par l'aérolite. De fait, elle devient la maîtresse de cet objet qui va lui conférer l'essentiel de son pouvoir : « La nuit, l'aérolite que la lignée maternelle de son maître des millénaires avait possédé lui avait paru en rêve [...] Il lui avait appris qu'il déménageait. L'aérolite lui avait annoncé qu'il avait choisi Nadjouma comme porteuse, comme femme possesseur. Qu'à jamais la volonté du Tout-puissant soit faite sur la terre et dans le ciel. Amen ! » (VBS, 60).

De ce qui précède, nous dirons avec Nadia Julien que le rêve est « la clé de la personnalité, [...] [de] la connaissance de soi » (Julien, 1997 : 330). En outre, l'oniromancie est une science reconnue dans les plus hautes sphères du pouvoir politique. Celle-ci est d'autant plus importante qu'elle sert souvent à prévenir certains événements. L'analyse du phénomène onirique montre qu'il est un mode de gestion du pouvoir, car le rêve permettrait de déjouer les projets déstabilisateurs des opposants au régime. Tiékoroni se base sur l'interprétation de ses rêves pour gouverner : « Au cours d'une sieste, il fait un rêve. Ses féticheurs, marabouts et sorciers interprètent le songe. Sans donner de signalement précis, ils lui apprennent que certains de ses amis préparent un complot » (VBS, 188). Les gens ont si bien intégré cet aspect du pouvoir qu'ils ne s'en privent pas. Tous ceux qui peuvent servir la "cause" par leurs rêves sont décorés par le président en personne. C'est ce qui arrive fréquemment dans la république de Koyaga : « Ce courageux paysan du Nord fait commandeur de l'Ordre du Golfe pour n'avoir pas hésité à marcher à pied huit cents kilomètres pour venir informer le Président d'un rêve. L'interprétation de ce rêve a permis aux sorciers et magiciens de déjouer un complot » (VBS, 313).

Les individus profitent aussi du fort penchant pour l'irrationnel pour se maintenir dans le sérail du pouvoir. Sakombi le ministre de la Propagande et de l'Orientation nationale du président de la République du Grand Fleuve l'utilise habilement. Sentant sa déchéance lors d'un prochain remaniement ministériel, il n'hésite pas à inventer un songe pour se tirer d'affaire : « Avant la confirmation officielle du remaniement, très tôt un matin, Sakombi se présenta au dictateur et annonça qu'il avait vécu la nuit du destin de son pays et reçu les messages. Les mânes des ancêtres dans la nuit étaient venus le prendre et, dans un demi-sommeil, dans un demi-rêve, l'avaient amené au bord du fleuve, dans un cimetière, au pied d'un fromager centenaire » (VBS, 227). Il profitera de son rêve pour dire toutes les recommandations données par les ancêtres. Il fait comprendre au dictateur qu'il est porteur d'un message de la part des ancêtres. Ces derniers recommandent de suivre le chef qui est le seul intermédiaire entre les vivants et les morts et surtout de retourner aux traditions ancestrales, à l'authenticité. C'est ainsi que Sakombi sera maintenu au gouvernement : « Le remaniement eut lieu. Le ministre Sakombi fut maintenu à son poste pour continuer à appliquer les instructions des mânes des ancêtres » (VBS, 228).

Il faut remarquer que dans le texte, ce personnage est fortement référentiel. L'histoire de la République Démocratique du Congo (ex Zaïre) nous montre qu'un certain Sakombi Inongo a été effectivement Ministre de l'information de Mobutu. Il maîtrise si bien les manipulations qu'il sera encore le ministre de la communication de feu Laurent Désiré Kabila, et aussi de Joseph Kabila. Avec Mobutu, il se chargeait particulièrement de diffuser l'idéologie du régime. En allant dans le même sens que Philippe Hamon, nous dirons qu'Ahmadou Kourouma utilise dans son œuvre « le procédé qui consiste à créer des noms propres « mixtes » [...] servant à la fois d'ancrage référentiel et d'allusion implicite à des « rôles » pré-programmés et le procédé qui consiste à introduire, dans une liste de noms fictifs, un nom historique » (Hamon, 1977 : 127). Il ne s'agit pas toujours dans le texte de reprendre exactement le parcours de la personne réelle, mais, en quelque sorte de le transfigurer pour qu'il y ait quelque chose de nouveau au niveau du récit et de sa structure narrative. C'est d'ailleurs pourquoi, le personnage ne sera plus figé en un rôle établi bien avant : « Cependant, la relative fixité du nom (et du « rôle », déjà fixé par l'histoire, du personnage déjà transformé en destin) n'empêche pas qu'il puisse, aussi, avoir une certaine fonctionnalité narrative originale dans l'œuvre » (Hamon, 1977 : 127).

L'interprétation des rêves est sujette à toutes sortes de manipulations. Les individus peuvent donner n'importe quelle signification à leurs songes ou même inventer des rêves. Ces manipulations mènent à l'arbitraire car la vérité devient l'apanage de chacun. Tiékoroni, suite à l'interprétation vague de son rêve hésite, car il lui est simplement dit que ce sont des amis qui préparent un complot. Seulement, son hésitation est de courte durée car le coupable est tout trouvé : « Quels amis arrêter ? Dans l'embarras, il fait emprisonner le plus sûr et vieil ami et le soumet à la torture. Celui-ci débite jour après jour des fables contradictoires » (VBS, 188). Malgré la présumée culpabilité, le dictateur ne démord pas. Garbio son âme damnée, le directeur de sûreté est là pour créer des preuves et des coupables : « Garbio invente le schéma, les faits, crée les preuves. L'accusé enchaîné est envoyé dans la prison des saoubas et soumis aux soins du député Sambio, le tortionnaire qui, sous la torture, fait reconnaître par l'accusé les faits et les preuves établis par le directeur de la Sûreté » (VBS, 188). Ces procédés installent l'arbitraire, la terreur dans le pays. A bien y regarder, l'on peut même se demander si ces dictateurs ne créent pas des rêves tout comme ils s'arrangent à inventer des preuves pour inculper les citoyens. Cette pratique leur permet de se débarrasser aisément des individus jugés gênants. Ce climat est le résultat des images savamment distillées par les tenants du pouvoir. Ils tissent autour d'eux un ensemble de mythes qui les font passer pour des individus hors du commun, alors qu'ils ne sont en réalité que des manipulateurs et des mystificateurs.

2- Les mystifications et les manipulations

A la lecture des romans de Kourouma, l'on se rend compte que ceux qui ont le pouvoir de décision ont une certaine emprise sur les populations. Ils frappent l'imaginaire des individus afin d'imposer un nouvel ordre du discours. Il faut déjà remarquer que le pouvoir en lui-même est magique. Ceux qui l'exercent sont généralement rangés dans la classe des élus. Étant donné que le chef est le maître temporel et spirituel, le pouvoir exercé relève du supra humain ; ce qui le place de facto dans la catégorie des êtres à part : « Cette collusion des pouvoirs religieux et politiques fonde un système "autoritaire". Tout détenteur du pouvoir est une "autorité", au sens où sa légitimité émane de la puissance transcendante de la divinité » (Mosconi, 1994 : 56).

En ce sens, l'analyse froide et logique des actes des marabouts et féticheurs qui sont ici les piliers des pouvoirs, qu'ils soient traditionnels ou modernes, dévoile des éléments constants. Il s'agit d'un processus de mystification savamment élaboré, ainsi qu'on le voit avec Abdoulaye des *Soleils des indépendances* et Bokano de *En attendant les bêtes sauvages*.

Abdoulaye joue en réalité de ses pouvoirs de séduction pour subjuguer et circonvenir ses clients. La première fois qu'il voit Salimata, ce n'est pas en tant que cliente qu'il la considère. Il est vrai que la jeune femme, à cause de son impécuniosité, se rend utile au marabout qui est célibataire. Elle lui fait le ménage, arrange l'intérieur de sa maison. Mais en même temps, elle use de coquetterie, de son pouvoir de séduction : « Elle venait le consulter en se couvrant de parures, de sourires, d'yeux brillants et curieux » (SDI, 68). Les vêtements, la parure, le sourire sont autant d'éléments qu'elle utilise pour mettre le marabout dans de bonnes dispositions à son endroit. Salimata va plus loin, sachant que le marabout, après tout, n'est qu'un homme. Elle pose des actes qui poussent le marabout à la considérer beaucoup plus comme une femme : « Il a suffit ensuite de rouler deux fois les fesses, de papilloter des yeux, de décocher un sourire, un rire pour ramollir et casser le formidable marabout [...] Devant Salimata, Abdoulaye vint à perdre son maintient de marabout ; son visage se gonflait d'un sourire chaleureux et parfois il prenait la voix d'un tout petit garçon » (SDI, 67).

Le marabout met alors en œuvre toute sa science, non plus pour soigner Salimata, mais plutôt pour la conquérir. Dès le départ, et à mot couvert, il lui tient un discours équivoque : « Il y allait de sa dignité de la guérir de la stérilité. Si le mari se prouvait irrémédiablement impuissant : alors !...Il faudrait... Allah juge aussi les intentions » (SDI, 67). Ici, il évoque la stérilité de la femme qu'il doit soigner, mais en annonçant en même temps son futur verdict qui, pour lui, est l'impuissance du mari. Il s'agit là d'un discours qui prépare déjà psychologiquement Salimata à comprendre que le problème ne proviendrait pas d'elle ; mais plutôt du mari, et qu'elle devrait se préparer à une autre éventualité pour résoudre son problème de maternité.

Les non-dits du discours du marabout, ainsi que ses sourires démontrent à suffisance à Salimata que celui-ci est sensible à son pouvoir de séduction. Nous avons là un cas de séduction réciproque qui se joue. Salimata constate les effets de ses actes de séduction sur le marabout. Elle en arrive à l'apprécier non plus par rapport à sa science, mais par rapport à sa vigueur physique : « Elle se félicita et profita de cet empressement. Et puis Abdoulaye se distinguait comme un mâle admirable ; vigoureux comme un taureau du Ouassoulou, susceptible de tout pimenter plus que Fama, et riche en connaissance comme en argent » (SDI, 67-68). La double comparaison qui s'établit entre le marabout et le taureau d'une part, et entre Abdoulaye et Fama de l'autre montre les deux dimensions qu'intègre la jeune femme dans la représentation qu'elle a de son féticheur. Dans la mythologie, le taureau est symbole de puissance virile et de fécondité, toute chose que recherche Salimata. La comparaison qu'elle fait entre son mari et le marabout se fait en défaveur de Fama.

Il faut noter que devant Abdoulaye, Salimata en vient à ne pas se comporter comme une patiente. Elle se fait séductrice, et vise à amener le marabout à se pencher sur son sort, et le conquérir au besoin. Contrairement à l'image de la pure victime qui a été développée de ce personnage par la critique, Salimata est en réalité tout en contraste. Autant elle a été victime d'un viol traumatisant par Tiécoura, autant rien ne l'empêche de se comporter en séductrice devant un autre homme qui, manifestement, pourrait remplacer le défaillant Fama. Et elle ne se prive pas de séduire un marabout qui, au passage est encore célibataire.

Abdoulaye de son côté apprécie sur le plan physique la femme qui vient le consulter, et qui lui semble s'offrir. Il met tout en œuvre pour la posséder. Il lui parle de ses problèmes avec des sourires, afin de la mettre en confiance. Les invocations qu'il fait poussent Salimata à chanter ses louanges : « Et inconsciemment, elle se surprit à se pencher et à s'approcher du marabout, comme appelée, sollicitée, et de ses lèvres s'envolèrent des flatteries de griots : «Bienfaiteur, Hommes des hommes ! Lion ! Révèle-toi ! » Heureusement pour la dignité de la femme, le marabout devin n'entendit rien » (SDI, 70). Dans le processus de subjugation, à partir d'une magistrale mise en scène, Salimata est presque hypnotisée, et chante la virilité de l'homme. Dans ce contexte, elle commet une infraction par rapport aux règles de séduction du milieu. Les phrases qu'elle prononce sont l'expression de son désir de l'homme, qu'elle ne doit pas dévoiler.

Déjà conscient de son pouvoir de séduction sur Salimata, le marabout passe à une autre phase. Il a démontré sa maestria pour ce qui est de la mise en scène de ses pouvoirs. Le pouvoir de suggestion qu'il met en œuvre pousse Salimata à aller au-delà de simples paroles du désir. Lors de la séance d'invocation, la jeune femme se retrouve dans une position compromettante pour son honorabilité : « A force de tordre les reins, de peiner, de pirouetter, Salimata s'était stabilisée, disons-le, dans une position carrément provocante : les seins se découvraient, descendaient, se redécouvraient ; les hanches se décollaient, s'ouvraient noires, pimentées et profondes et se rouvraient » (SDI, 73). Il faudra que le marabout apostrophe le ciel pour que Salimata se rende compte de la position dans laquelle elle se trouve. Ce sont autant d'éléments qui encouragent Abdoulaye à couver Salimata du regard, et à le confirmer dans sa stratégie de possession. Désormais, le regard qu'il pose sur elle est celui de l'homme désirant une femme : « En vérité, il suffisait de regarder, de connaître ! Salimata était née belle. Des fesses rondes, descendantes et élastiques, des dents alignées, blanches comme chez un petit chiot, elle provoquait le désir de vouloir la mordiller ; et cette peau légère et infinie, le marabout ne se souvenait pas d'en avoir pénétré de pareille ! » (SDI, 72). Ce n'est plus une personne en mal de maternité qui se trouve devant lui, mais une femme sensuelle, objet de désir. Pour parfaire son approche, le marabout, après les sacrifices d'usage, dévoile son jeu. Il dit à Salimata que le désir d'avoir un enfant dépasse les liens sacrés du mariage, parce que son époux se révèle stérile. En fait, le marabout pousse tout simplement Salimata à intégrer un comportement adultérin. En même temps, il lui fait savoir à mots couverts que lui seul, sur le plan physique, peut résoudre son problème. Voilà pourquoi il n'a plus de retenue dans son désir de posséder la femme : « Il ne comprenait et n'entendait qu'une seule chose : lui et la femme étaient seuls. Il ne voyait qu'une femelle brillante, ronde, hésitante, mais soumise, et ne connaissant que le désir qui l'agitait et le chauffait. Il tira à arracher le pagne » (SDI, 78).

La résistance de Salimata pousse le marabout à vouloir perpétrer un viol. La situation de violence que subit Salimata amène Madeleine Borgomano à écrire que Salimata « semble vouée aux viols et à répéter toujours le même traumatisme, qui la poursuit comme une scène obsessionnelle très précise » (Borgomano, 1998 : 72).

Mais il faut aussi noter que l'ultime scène de tentative de viol est aussi celle qui libère Salimata. En effet, tout comme pour Baffi et Tiémoko, Abdoulaye, après le sacrifice du poulet, prend le visage de Tiécoura. Le sang n'a pas la même signification pour les deux personnages : « le sang avait giclé, mais un sang n'ayant pas pour l'un et l'autre la même couleur, le même fumet. Pour lui, couleur de douceur et fumet du désir d'une peau fine, des fesses rondes et des dents blanches. Pour elle, couleur de l'excision et du lever du jour, fumet de la crispation et de la frayeur » (SDI, 77). Il y a ici pour Salimata une inversion du sens du sacrifice qui l'empêche d'aller au bout de ses désirs. C'est d'ailleurs pourquoi Madeleine Borgomano écrit : « La signification du sang et du sacrifice, alors, s'inverse totalement, devenant un signe négatif et intolérable » (Borgomano, 1998 : 74). Abdoulaye se trouve sur l'itinéraire de Salimata suivant des modalités qui ne sont plus celles de ses rencontres avec Tiécoura, Baffi et Tiémoko. Avec ceux-ci, la jeune femme a subi la loi sociale, et n'avait aucun moyen de se défendre et de résoudre les problèmes liés à son traumatisme.

Par contre, la scène avec Abdoulaye lui permet d'évoluer considérablement dans son processus de guérison. Le marabout est ici le pendant de Tiécoura. Mais comme nous l'avons déjà relevé, autant Tiécoura est répugnant et repoussant, autant Abdoulaye est aux yeux de Salimata un beau mâle qui peut la satisfaire mieux que Fama sur tous les plans. Mais le sang du sacrifice provoque la transmutation d'Abdoulaye en l'homme qui l'a traumatisée. Elle se retrouve ainsi en position de tuer symboliquement l'homme par qui son premier viol est arrivé. L'on comprend aisément pourquoi elle assaille son marabout : « Le couteau à tête recourbé traînait ; elle s'en arma, le poursuivit et l'accula entre le lit et les valises. Dans les yeux de Salimata éclatèrent le viol, le sang et

Tiécoura, et sa poitrine se gonfla de la colère de la vengeance. Et la lame recourbée frappa dans l'épaule gauche » (SDI, 79).

Contrairement à ce qu'écrit Borgomano, dans ce cas précis, l'ultime tentative prend toutes les configurations d'un processus de guérison. Dans l'esprit de Salimata, ce n'est pas Abdoulaye qu'elle poignarde, mais plutôt Tiécoura de qui elle se venge. Le coup de poignard fonctionne comme une catharsis. Par cet acte, elle se venge et se débarrasse définitivement de l'image d'un homme qui est la cause de son traumatisme. D'un autre côté, le passage de Fama en prison accélère le processus de guérison et Salimata finit par se mettre en ménage avec le marabout : « Abdoulaye ne la crispait plus, ne puait plus Tiécoura » (SDI, 184).

Ainsi, le marabout Abdoulaye parvient à ses fins grâce à la position qu'il occupe. Si dans *Les Soleils des Indépendances*, Abdoulaye use de sa situation pour conquérir une femme, les autres personnages ont d'autres pôles d'intérêts qui sont liés essentiellement à l'exercice du pouvoir politique. Ils ambitionnent d'être des hommes de l'ombre qui exercent une influence considérable sur les détenteurs de pouvoir. C'est aussi le cas de Bokano, le marabout de Koyaga dans *En attendant le vote des bêtes sauvages.*

Bokano qui s'appelle aussi Yacouba est un mystificateur de premier ordre. La présentation lapidaire que fait de lui Bingo le sora est symptomatique du visage réel du personnage : « Yacouba était aussi un fabricant d'amulettes, un inspiré créateur de paroles de prières de protection » (VBS, 47). Cette présentation faite dès la première entrée en scène du marabout est symptomatique de la réalité sous-jacente qui est celle de la véritable nature de ce personnage. Bokano est ici un fabricant d'amulettes, c'est-à-dire un individu qui, comme Yacouba d'*Allah n'est pas obligé*, vit de la crédulité des autres en prétendant leur fournir des objets protecteurs. Il est aussi un personnage qui passe beaucoup de temps à réfléchir sur la création des paroles de prières destinées à protéger. Il n'est pas présenté dès l'abord comme saint homme illuminé par la foi et habité par l'esprit divin.

Son attitude envers ses disciples montre bien que ce personnage est mû par autre chose que le désir de créer un corps de fidèles d'où pourrait sortir son successeur. Le saint Uléma, chez qui Bokano a été formé, est un homme qui conditionne ses disciples afin que les plus doués puissent lui succéder. La condition pour succéder à un tel personnage est de vivre le Mir'aj. Bokano l'a effectivement vécu parce que son maître l'a entraîné à rechercher la sainteté en permanence. Il s'agit d'une aventure unique dont l'Uléma lui-même est averti. La loi exige que seul celui qui a vécu le Mir'aj peut hériter du Coran et de l'aérolite du maître et le remplacer.

Dans son mode de fonctionnement, Bokano ne respecte pas ces lois. Il est devenu l'alpha et l'oméga de son groupe. Il ne forme pas ses disciples à la sainteté. Normalement, les disciples doivent être, en dehors des heures de travail manuel, plongés dans l'étude du Saint Coran, la prière et la méditation. Mais Bokano utilise ses disciples beaucoup plus comme travailleurs dans la ferme modèle qu'il a créée. Il choisit d'exercer la spiritualité à leur place :

Les disciples de Bokano priaient peu ou prou. Ils atteignaient Allah (la lueur) par le travail ; ils besognaient pour Allah. C'étaient de talentueux artisans, agriculteurs et éleveurs qui ne recevaient pas le moindre grain, pas un seul piquini. Le maître les nourrissait, les habillait, assurait tous leurs besoins matériels et aussi spirituels ! Bokano accomplissait les prières que les disciples devaient à Allah. Il ne se contentait pas de prier pour ses disciples ; il priait à leur place (VBS, 51).

Nous avons là l'exemple de l'exploiteur qui, sous le couvert d'Allah, utilise une main d'œuvre corvéable à merci, sans rétribution. Les talibés sont détournés de la contemplation du divin pour n'être occupés qu'à des activités commerciales lucratives qui ne profitent qu'à Bokano seul. Le marabout ne forme donc pas des disciples, mais utilise des jeunes gens pour ses besoins et intérêts personnels. En réalité, un talibé qui ne prie pas n'est pas un disciple. Pour maintenir son emprise sur eux, Bokano crée la dépendance spirituelle et matérielle. Les disciples sont obligés de rester attachés au maître à cause des prières qu'ils ne maîtrisent pas, et dont Bokano les en dispense généreusement : « Il disait des sourates pour les disciples, pour leurs parents et amis. Les talibets disciples libérés de la sujétion du minimum de cinq prières journalières disposaient de tout leur temps pour besogner. Ils ne s'interrompaient que pour accompagner le maître à la prière de 4 heures du matin, aux grandes prières des fêtes musulmanes, à la grande messe de vendredi » (VBS, 51-52). Autrement dit, les disciples ne diffèrent pas des musulmans communs de par leur place auprès du maître. Bokano les forme à tout, sauf à la spiritualité, et ne se soucie pas de trouver un successeur parmi eux. Au contraire, il s'arrange pour qu'aucun disciple ne se distingue par son intelligence et par sa prédisposition à vivre le Mir'aj.

La dépendance se crée aussi par un réseau que le marabout met en place dans tout le pays. Celui des talibés qui veut s'émanciper est libéré après avoir intégré les rudiments du Coran, de la divination et de la pratique d'un métier. Au moment de la séparation, le maître lui donne sa bénédiction, et parfois une femme : « Pendant la prière de séparation, le maître bénissait le disciple émancipé, le dotait de ce qu'il appelait modestement le maigre viatique : un Coran, de l'argent, et même parfois une épouse. L'ancien talibet restait un disciple qui ne rompait jamais avec Bokano » (VBS, 52).

Bokano agit ainsi contrairement aux usages. Lorsqu'un individu entre comme disciple dans un foyer ardent, il ne peut en sortir que lorsque le maître le juge spirituellement formé. Or dans le cas de notre texte, c'est tout le contraire. Le disciple qui veut s'en aller est libre de partir quand il le veut. La dépendance qu'il crée est contraire à ce que l'Uléma lui a appris. Lorsque le marabout donne de l'argent et une femme à un disciple, celui-ci considère le geste comme le suprême honneur et ne peut oublier son maître. Bokano a subi une formation complète, passant par la mort initiatique et la renaissance en oubliant la vie antérieure et son maître. L'incomplétude de la formation de ses talibets fait de ceux-ci ses éternels disciples et obligés, et de futurs mystificateurs.

En réalité, Bokano, en faisant de ces individus ses éternels obligés, crée un réseau d'hommes fidèles qui servent plus tard à bâtir sa renommée. Les jeunes marabouts qu'il affranchit font tous partie de son réseau de renseignement qu'il met en place en créant «L'Union des marabouts". Cette association est particulièrement efficace dans la circulation et le contrôle du renseignement : « Bokano préside l'Union des marabouts et chaque marabout file chez Bokano pour se faire rémunérer la moindre information » (VBS, 285). La mise en place de ce réseau explique les prétendus pouvoirs extrasensoriels du marabout. Il a à son service une pléthore de personnes disséminées sur tout le territoire, et qui lui permettent de contrôler les informations pour son compte et celui de Koyaga.

La rencontre avec Nadjouma révèle aussi la nature réelle du marabout. Devant la mère de Koyaga, Bokano a la même réaction qu'Abdoulaye devant Salimata. De prime abord, le sora Bingo révèle que curieusement, Bokano administre la même prescription médicale, quelle que soit la maladie : « La thérapeutique, simple, rapide et efficace du marabout exorciseur ne varie guère : la bastonnade, les volées, la fustigation quel que soit le patient » (VBS, 56). Pour quelqu'un qui s'occupe des maux du corps et de l'esprit, la violence qu'il exerce sur celles et ceux qui viennent chercher la guérison indique qu'il ne fait aucun diagnostic sérieux. Les coups et les bastonnades obligent plutôt les patients à simuler la guérison. Bokano s'apprête à appliquer le même traitement à Nadjouma lorsqu'il tombe en arrêt devant la jeune femme. Dès le départ, il ne la voit pas comme une patiente :

Il murmura les versets du Coran, se leva et voulut s'approcher de la patiente, mais s'arrêta. Au nom d'Allah ! La maman de Koyaga était belle. Une très belle femme ! Elle avait préservé la corpulence de jeune fille : ses seins pointaient comme les mangues crues des premiers jours d'avril ; ses muscles saillaient durs et ses fesses avaient la rondeur et la consistance d'une marmite de fonte. Le pagne était négligemment noué ; le marabout exorciseur s'embrouilla dans les sourates, toussa et se repris plusieurs fois pour dénombrer les Allakoubarou et aligner les bonnes incantations (VBS, 56-57).

Tout comme Abdoulaye, Bokano s'arrête surtout sur les appâts de Nadjouma. Si le saisissement face à la beauté de la patiente peut être compréhensible dans un premier moment, les actes que le marabout pose par la suite montrent à souhait qu'il a pour la jeune femme un intérêt qui n'est pas seulement celui d'un médecin pour sa patiente. Après le coup de fouet assené par un talibet, « la patiente glapit et détala. Elle couru si vite que le pagne tomba ; le marabout eu le loisir d'apprécier le corps de la jeune femme. Dans un réflexe aussi inattendu que tardif, il fit porter son pagne et la fit revenir » (VBS, 57). D'habitude, Bokano ne s'intéresse plus aux exorcisés après les coups. Il traite Nadjouma avec révérence et paternité, au point de lui masser la tête à chaque occasion (VBS, 57). Il va plus loin en lui attribuant l'une des cases réservées aux hôtes de marques. Pour justifier son intérêt pour la jeune femme, il argue qu'elle serait une bienheureuse, une élue possédée par les génies de la divination, et qu'il lui faut la garder pendant quelques mois dans la chasteté. Ce discours confus révèle le désir de posséder la jeune femme.

Les non-dits du discours de Bokano se révèlent à l'analyse des stratégies mises en œuvre pour s'approprier Nadjouma. Il prétend que la jeune femme est l'épouse du génie de la divination, et que lui Bokano, se charge de l'initier à la divination. Cela suppose que le marabout maîtrise ce fameux génie, car il est « un savant dans la divination. Il connaissait et utilisait dix arts divinatoires » (VBS, 58).

Au passage, le discours sur la possession par le génie rassure Nadjouma et la soulage. Il s'agit d'une réponse aux problèmes qu'elle vit dans ses rapports avec les hommes. Dans la réalité, le rituel de mariage paléo et la parturition ont été très traumatisants pour la jeune femme. Elle a subi le viol rituel qui consacre le mariage rapt chez les paléo. Ce viol, doublé d'une grossesse difficile a traumatisé la jeune femme au point qu'elle a juré de ne plus jamais se marier après la mort de son mari, et de ne plus concevoir. La culture paléo intègre donc la violence et le viol comme acte normal qui légitime la possession d'une femme. Personne, encore moins Nadjouma ne peut comprendre que ce soit justement ce rituel violent qui l'amène à se rétracter face aux hommes. Sa crise vient du fait que son beau-frère la demande en mariage.

Il faut remarquer que l'infirmier Kaboré a, dès la mort de Tchao, accueilli Nadjouma dans sa maison en tant que beau-frère. Et « les coutumes des hommes nus commandent à la veuve éplorée de passer la nuit de l'enterrement de son époux dans les bras d'un homme, d'un consolateur. Généreusement les cinq sœurs prêtèrent leur époux à leur hôtesse pour satisfaire l'obligation » (VBS, 45). Kaboré prend goût aux rapports sexuels qu'il aura fréquemment avec Nadjouma. Tant qu'ils restent amants, il n'y a aucun incident. Mais du jour où l'infirmier veut passer à l'étape du mariage en demandant sa main à Nadjouma, la jeune femme sombre dans la crise. En réalité, dans l'inconscient de Nadjouma, le mariage est irrémédiablement lié au traumatisme du viol. Les noces se déclinent sous le mode de la violence de la bagarre et du viol rituel, contrairement aux rapports sexuels non institutionnels. Voilà pourquoi Nadjouma sombre dans la démence.

Mais l'explication de ses crises sera recherchée ailleurs. Ainsi, le comportement de Nadjouma n'est pas la conséquence de la violence des hommes et d'un système ; il serait plutôt l'œuvre d'un génie, comme c'est le cas pour Salimata dans *Les soleils des indépendances*. Cette explication qui cadre avec les discours culturels et spirituels du milieu, ainsi qu'avec un certain imaginaire soulage la jeune femme : « Après les révélations du marabout, Nadjouma se sentit soulagée. Tout parut s'expliquer ; elle comprit, devint heureuse. La peur qui l'étreignait à l'approche des hommes depuis le décès de son mari, c'était la possession. C'était le génie qui l'avait rendue frigide après la difficile maternité qu'elle avait endurée pour mettre Koyaga au monde » (VBS, 58). Cette explication est donnée par un autre homme qui a la réputation de maîtriser les génies, et plus spécifiquement celui de la divination. Bokano devient un homme qu'elle peut approcher sans peur. Mais pour le marabout, il faut parfaire la conquête, parce que l'image de la jeune femme l'obsède, que ce soit pendant les prières ou durant les séances de contemplation : « Cette quête par plusieurs fois avait été gâtée par l'irruption inopportune, blasphématoire, des images de la jeune femme. Il retrouvait dans le ciel le regard de la jeune femme, ses muscles, son pagne à moitié dénoué, et même… » (VBS, 59). Les suspensions évoquent ici ce que le narrateur des *Soleils des Indépendances* appelle l'innommable dans une mosquée, à savoir les parties intimes de la femme.

Pour résoudre son problème, Bokano doit avoir la jeune femme auprès de lui. Le prétexte qu'il trouve une fois de plus est une infraction par rapport à la loi. Nous avons déjà noté que les objets sacrés, à savoir le Coran et l'aérolite, attribués à l'élu d'Allah le sont lorsque celui-ci a vécu le Mir'aj. Or Nadjouma n'a aucune révélation, et n'est pas musulmane, loin s'en faut. Elle est animiste. Bokano frappe l'imagination de tous en affirmant que l'aérolite lui a parlé en rêve, en lui précisant qu'il choisissait Nadjouma comme « porteuse, comme femme possesseur » (VBS, 60).

Pour préserver son statut et son honorabilité d'homme de Dieu de tout ragot, et en même temps posséder la femme qu'il désire, Bokano utilise un discours magico-religieux qui se révèle efficace. Il lie à jamais le destin de Nadjouma au sien en lui faisant dans ce contexte une proposition qu'elle ne saurait refuser. Il se propose de protéger le jeune enfant qu'est encore Koyaga : « Pour qu'Allah le gratifie d'une longue vie, nous allons le mettre, toi sous la protection de la pierre aérolithique et moi sous celle du Coran » (VBS, 61).

De fait, les non-dits des discours de Bokano seront exprimés par le Cordoua Tiécoura, le répondeur du Sora Bingo : « Brusquement, comme piqué par une abeille, il hurle, profère des grossièretés, se livre tour à tour à des danses de chasse et des gestes lubriques » (VBS, 62). Bokano est effectivement à sa façon un chasseur qui va à la conquête de Nadjouma dans le but de la posséder aussi sexuellement. Le Cordoua est ici le bouffon qui exprime crûment par des gestes non équivoques ce que tout le monde s'évertue à camoufler sous les formes d'un discours pseudo religieux. Nadjouma, en jeune femme, perçoit déjà les intentions du marabout, comme le révèle plus tard Bingo :

[Bokano] a une inclination, plus qu'une tendresse pour Nadjouma. Elle a une beauté du corps qui le trouble dans l'évocation des sourates du Coran. Il demande à la jeune femme de rester à côté de lui dans l'exploitation pour connaître les volontés d'Allah, apprendre les paroles d'Allah, se convertir à l'Islam. Il ne prononce pas les mots d'amour, de mariage. Mais Nadjouma ne se méprend pas sur les intentions inavouées. Nettement, elle refuse (VBS, 276).

Malgré le refus du mariage, Nadjouma n'en continue pas moins à retrouver fréquemment le marabout pour « veiller sur l'avenir du tirailleur Koyaga » (VBS, 276).

La nature véritable de Bokano apparaît lorsque son protégé prend le pouvoir. Dans la capitale de la république du Golfe, il reproduit le système d'exploitation des individus déjà mis en place à Ramaka. A lui les prières pour le bénéfice spirituel de tous, et aux talibets les travaux sans rémunération (VBS, 280). Avec la richesse et le pouvoir, se dévoile le vrai visage de Bokano :

Pourtant, Bokano n'est plus l'ascète qu'il était en arrivant à Ramaka. Depuis que son protégé a le pouvoir suprême, il a beaucoup changé. Il y a dans sa vie plus de luxure que d'ascétisme. Le marabout vit dans un luxe insolent [...], est propriétaire d'une centaine de concessions et villa dans la capitale, des appartements à Paris, New York, Bruxelles. Et aussi des maîtresses dans toutes ces villes (VBS, 280).

Par ailleurs, l'homme qui prétend être un chaste dans les prières et les mortifications a accentué ses rapports avec la mère de Koyaga au point de susciter des questions sur leurs relations réelles. Il rend quotidiennement visite à Nadjouma lorsqu'ils sont dans la même ville, et « ils restent seuls tous deux dans une chambre à la porte close parfois plus d'une heure. Que peuvent-ils faire ou se dire une heure durant ? » (VBS, 281).

Ce sont autant de faits qui dévoilent les agissements d'un illusionniste et montrent les limites du pouvoir du marabout. Le donsomana étant une geste purificatoire au cours de laquelle il faut dire toute la vérité, Bingo et Tiécoura dévoilent la véritable facette d'un mystificateur à l'intelligence froide. Il profite de la crédulité des individus et de la dictature pour asseoir son influence sur tout le pays.

A l'analyse, on constate aussi que Yacouba d'*Allah n'est pas obligé* joue sur la crédulité des individus. Déjà, avant de s'installer, dans les forêts du Liberia et de Sierra Leone, il est marabout multiplicateur de billets de banque. Il exerce un travail de faussaire, même s'il fait croire aux clients que c'est sa science occulte qu'il met en pratique. Cette activité illicite se double de recel, ce qui fait de Yacouba la cible des forces de l'ordre d'Abidjan :

Un jour, les policiers ont tiré sur trois bandits, deux sont morts sur-le-champ ; le troisième avant de crever, a pu expliquer que leur argent était chez le multiplicateur de billet Yacouba alias Tiécoura [...]. Par sacrifices exaucés ou par chance Yacouba alias Tiécoura était absent quand les policiers ont fouillé et ont trouvé chez lui trop de valises pleines de billets de banque volés. Yacouba n'est plus retourné chez lui. Il a fui Abidjan la nuit, a pris le nom de Tiécoura et s'est réfugié au village (APO, 44).

On peut constater que dès le départ, Yacouba est un individu sans scrupules. En réalité, le désir d'enrichissement est le principal mobile qui l'amène dans les zones de combat. D'ailleurs, sur le terrain, il passe d'un état-major à un autre, même si ce sont des ennemis avérés. Ses intérêts sont alors satisfaits car tous les chefs de guerre dépensent des sommes prodigieuses pour s'offrir ses services. Le marabout vit ainsi dans l'opulence tandis que d'autres personnes croupissent dans la misère du fait de la guerre : « Yacouba ne manquait jamais de boulot. Non, jamais ! Yacouba était riche comme un moro-naba. Moro-naba, c'est le chef cossu des mossis du Burkina-Faso. Il envoyait de l'argent au village de Togobala, à ses parents, aux griots et à l'Almamy, [...] tellement il avait de l'argent en reste » (APO, 78).

Nous avons observé que les prétextes les plus farfelus deviennent de solides vérités permettant de justifier l'inefficacité des fétiches. Avec Yacouba, la figure du marabout est totalement démystifiée et démythifiée. Il ne s'agit plus d'un individu ayant atteint un degré élevé de mystique dans les écritures saintes et pouvant se détacher du monde sensible par une transcendance spirituelle. Ici, le marabout se caractérise plutôt par un affairisme avéré. La plupart de ses pratiques relèvent de l'affabulation, de la manipulation et de la prestidigitation car les protections qu'il donne sont inefficaces. Tout au plus, ces fétiches conditionnent les soldats et leur donne l'impression d'être invincibles, invulnérables ; ce qui les pousse à faire montre de bravoure et surtout de témérité dans les combats comme Tête Brûlée, l'enfant-soldat (APO, 129). Lorsqu'il s'agit de se sauver des situations dangereuses, Yacouba n'hésite pas à mentir effrontément. C'est le cas lorsque ses compagnons et lui se retrouvent encerclés par des guérilleros :

Yacouba lui aussi a commencé à fabuler. Il avait chez Johnny Koroma en Sierra Leone le grade de lieutenant-colonel, lieutenant-colonel grigriman [...] Yacouba était parvenu à ensorceler toute une armée, l'armée et ses engins de guerre. Ce n'est pas tout. Il était parvenu à rendre tous les guérilleros, tous les enfants-soldats de Johnny invisibles aux envahisseurs de l'ECOMOG (APO, 225-226).

A la lecture des romans de Kourouma, nous pouvons noter une certaine évolution de la figure des marabouts et des hommes d'État. Dans *Les Soleils des Indépendances*, les premiers sont respectables et respectés. Les individus croient fermement en leurs pouvoirs, d'où les consultations incessantes dont ils font l'objet. Par ailleurs ceux qui les utilisent, à savoir les hommes de pouvoir ne sont pas tout à fait perceptibles dans l'œuvre. Le roman est essentiellement référentiel. Les personnages, les lieux ne sont pas nommés. Le deuxième roman est une incursion dans l'histoire. Les devins y occupent encore une place de choix car ils sont au centre des décisions des chefs. Mais leur science est de moins en moins efficiente car malgré toutes les mesures prises, ils n'arrivent pas à empêcher l'occupation du pays de Soba. Néanmoins, ils continuent de croire en l'efficacité des sortilèges et autres fétiches.

Dans *En Attendant le Vote des Bêtes Sauvages*, l'image du marabout évolue considérablement. Bokano crée un vide autour de sa personne pour rendre plus épais le mystère sur ses origines. En réalité, il s'agit d'un mystificateur. Il veut faire croire aux hommes qu'il sort de nulle part, qu'il est une production *sui generis* de la nature. En fait, le flou est créé pour donner plus de crédibilité à ses prétendus pouvoirs surnaturels. Et dans l'œuvre, ceux qui s'offrent les services des personnages semblables se dévoilent. Les références deviennent suffisamment explicites pour que transparaissent les personnalités comme Mobutu, Houphouët-Boigny ou encore Eyadema.

Allah n'est pas obligé détruit définitivement l'image du marabout. L'auteur ne s'embarrasse pas de circonlocutions pour présenter une image péjorative des féticheurs. Yacouba comme nous l'avons vu, n'est qu'un escroc. C'est un imposteur qui profite de la crédulité, de la précarité et surtout de l'insécurité des populations pour s'imposer et tromper les individus. Le texte est aussi révélateur des nouvelles options d'écriture de Kourouma. Il choisit de nommer les acteurs de l'histoire. Les noms comme Samuel Doe, Prince Johnson, Charles Taylor, Foday Sankoh, Ahmad Tejan Kabbah ou encore Johnny Paul Koroma, ayant marqué l'histoire du Libéria et de la Sierra Leone sont les personnages du roman. Le texte nous dit clairement qu'ils recourent aux services des individus comme Yacouba pour conquérir le pouvoir ou pour s'y maintenir.

*

*   *

Le cas du roi Djigui est tout à fait singulier. Il a en charge la destinée de tout un peuple. Et dans l'imaginaire populaire, c'est un faiseur de miracles. En réalité, c'est un imaginaire fondé sur une certaine mythologie car les faits disqualifient généralement ces croyances. Malgré la puissance qui lui est attribuée, Djigui est vaincu et se retrouve plongé dans un compromis embarrassant. Tout d'abord, les Français font montre d'intelligence stratégique en attaquant justement l'adversaire où il s'attend le moins : la colline Kouroufi, bardée de fétiches. Cette croyance en la puissance des fétiches est illusoire, car rien n'arrive aux colons. Le roi de Soba se retrouve dès lors devant un choix extrêmement douloureux : la soumission ou le suicide. La plupart des chefs vaincus se donnent la mort. Pour eux, il s'agit de mourir la tête haute et l'honneur sauf, au lieu de vivre dans une soumission servile imposée par le colon. Le suicide dans ce cas traduit aussi l'esprit d'abnégation des rois dans le respect d'un serment séculaire, à savoir mourir plutôt que de voir leurs royaumes vivre dans les *monnew*, la honte de l'occupation. Djigui se retrouve face à cette terrible décision. Déjà, il faut signaler que certains de ses généraux passent à l'acte (Monnè, 38). Après une profonde méditation, Djigui décide de se soumettre au pouvoir français et de s'en remettre à Allah, le Très Haut. Il le fait surtout pour préserver son peuple de tout massacre inutile. Mais la soumission au nouveau pouvoir implique une cérémonie où le roi déchu consomme solennellement le *"Déguè''* de l'allégeance :

C'était une cérémonie publique, au rituel réglementé, qui avait lieu sur le champ de bataille où le combat avait été gagné […] A six pas du roi victorieux, le vaincu et ses suivants se croisaient les bras dans le dos et se prosternaient. Parfois on exigeait d'eux qu'ils frottent la bouche contre le sol comme les poules le font avec le bec pour fouiller les immondices (Monnè, 45).

Cette citation, nous permet de comprendre toute l'humiliation de la cérémonie et surtout, elle nous éclaire sur les mobiles des suicides des différents rois. A partir du moment où les colons imposent leur autorité, il est clair que le mythe est ébranlé. D'ailleurs le chant des *monnew* (honte, humiliation…) l'atteste, même si les effets de cet asservissement sont quelque peu atténués grâce au génie créateur et surtout à l'incontestable pouvoir du verbe de Mory Diabaté le griot de Djigui. La visite de compte-rendu et d'allégeance du vendredi imposée par l'administration coloniale n'est plus un cérémonial de honte mais plutôt un rite riche en sons et en couleurs.

Les Français appliquent dans toute la rigueur possible l'idéologie coloniale. Le Code de l'indigénat, modèle édulcoré du Code noir fait des hommes de Soba des sous-hommes. Djigui qui, selon les populations, a un rapport direct avec Dieu et peut converser avec Lui n'arrive pas à faire quelque chose de concret même si chaque fois, il veut se convaincre que sa puissance reste intacte :

Il monta sur la terrasse d'où on apercevait l'univers entier. Sa destinée se révéla. Comment avait-il pu se tourmenter tant de jours sans avoir vu qu'il était un élu, un comblé, un chanceux dont tous les sacrifices avaient été acceptés ? D'abord, les nazaréens n'avaient jamais occupé le Bolloda et Soba : ils résidaient au sommet de la colline où Djigui les avait plantés avec ses sortilèges. Djigui n'avait jamais été subjugué : il restait roi. Il était là, entier dans les honneurs et dans ses prérogatives, debout sur sa terrasse, essayant en vain de cerner la diversité et les limites de son pouvoir et de sa force (Monnè, 74).

A l'examen, il s'agit de procédures de consolation que Djigui met en place. Pour ce dernier, du moment où le Bolloda n'est pas occupé par la puissance coloniale, son pouvoir est sauf. En plus, il croit fermement qu'il est détenteur de pouvoirs surnaturels ; d'ailleurs, il sait qu'il est le seul médiateur valable entre le peuple et Dieu.

A bien y regarder, Djigui est juste un chef charismatique. Le fait est renforcé par toute la mythologie qui est tissée autour du personnage. Le mythe de l'invincibilité, de l'invulnérabilité véhiculé par l'imaginaire collectif fait de ce roi un homme hors du commun. Seulement la réalité coloniale est bien présente. L'occupation de Kouroufi par les colons obéit à des raisons d'ordre stratégiques. Pour les Blancs, il s'agit de se mettre dans les hauteurs pour mieux contrôler et dominer la région.

Djigui n'arrive pas à soulager les peines de ceux qui souffrent de travaux forcés, de brimades, de répression. En fin de compte, les pouvoirs de Djigui fonctionnent uniquement dans l'imaginaire des habitants de Soba. La réalité est tout à fait différente, même si les individus s'obstinent parfois à ne pas la regarder. L'aura de ce roi n'est pas aussi mystique et mythique qu'on le pense. Dans les faits qu'on attribue au pouvoir des fétiches, il y a beaucoup d'autres facteurs rationnels qui entrent en ligne de compte. Et on peut même dire qu'ils sont plus importants.

Les agissements de Moussokoro sont édifiants à plus d'un titre. Envoyée à Toukoro, elle parfait le savoir acquis auprès de ses parents. Lorsqu'on examine bien la situation de cette jeune femme, on constate qu'elle doit son succès, pour une grande part, à son intelligence. Avec ses parents, elle fait montre d'une vivacité d'esprit qui lui permet d'assimiler facilement le Coran.

Par ailleurs, nous avons vu que c'est une mauresque, une très belle femme qui ne laisse pas indifférent. En plus, elle a une très forte personnalité dès son jeune âge et très tôt, elle affiche sa volonté de disposer d'elle. A Soba, la tradition exige que les jeunes filles aient un "mari" avant l'union officielle qui les consacrera dans leur rôle de femme au foyer. C'est un homme du groupe d'âge qui est choisi par la fille et qui est traité comme le futur époux légitime. Mais, cette situation maritale a des interdits :

Tous les soirs, jusqu'au jour de ton mariage, tu passeras tes nuits dans son lit. Mais votre amour sera non charnel. Vous vous contenterez de vous frotter poitrine contre poitrine, cela vous apaisera. Se retenir, se maîtriser, une future bonne épouse et mère doit y parvenir. Rejette ses avances : faiblir est un crime et un péché. Si ton époux ne te trouve pas à domicile, ton mari de groupe d'âge sera tué, à moins qu'il parvienne à s'enfuir et vivre banni toute sa vie. Et toi à jamais tu seras déshonorée (Monnè, 136).

Moussokoro transgresse l'interdit. Elle n'aime pas Bakary et jette son dévolu sur Abdoulaye, un autre garçon de son groupe d'âge. Ainsi, elle affirme déjà sa volonté d'aimer qui elle veut. Voilà pourquoi Djigui ne la trouve pas vierge le jour du mariage ; ce qui, comme nous l'avons vu, a pour conséquence son envoi à Toukoro. Si Moussokoro s'impose, ce n'est pas tout à fait grâce aux fétiches et sortilèges. La jeune femme subjugue Djigui par son intelligence mais aussi et surtout par son comportement sexuel.

Moussokoro est une jeune femme qui se sait belle et entretient son corps, contrairement aux autres femmes de Djigui : « Le harem de Djigui pullulait de jeunes femmes que les chefs de villages avaient offertes lors du couronnement, en plus des bœufs, des moutons et des mesures de grains. Toutes étaient de solides paysannes qui se lavaient peu, nouaient maladroitement les pagnes et disaient faussement les prières » (Monnè, 133). Moussokoro est une femme libérée qui ne se laisse pas entraver par les tabous imposés par la tradition et la religion. Ceux qui ont pour rôle de faire appliquer les préceptes du Coran imposent la résignation, la soumission aux femmes. De fait, la gent féminine doit observer le discours du silence imposé par le mâle. Sa vie devient ainsi une abstraction, une absence. Cette attitude se répercute immanquablement dans le comportement sexuel des femmes qui deviennent tout juste des réceptacles du plaisir masculin. Leur libido n'a pas le droit de s'épanouir

Moussokoro, elle, se caractérise par une liberté sexuelle qui est inexistante dans le contexte du milieu. Tout d'abord elle montre son corps à Djigui en pleine lumière contrairement aux « coépouses pudiques [qui] entraient, se déshabillaient dans la pénombre et se glissaient dans le lit » (Monnè, 151). Elle appâte le roi par un strip-tease qui frappe l'imagination du roi et le pousse à la désirer ardemment : « Dès la première embrassade, Djigui plana dans des rêves érotiques. Maîtresse de son maître, doucement elle alla moucher la lampe à huile, tira la mèche. En pleine lumière se dévêtit par à-coups, voile, camisole descendirent, sauf un court pagne laissant entrevoir les poils et deviner la lune […]. Djigui, l'appétit et l'imagination exaltés la dévorait des yeux » (Monnè, 151). Moussokoro sait faire naître le désir, car sa mère le lui a toujours enseigné : la préférée, c'est celle qui tient l'homme au lit. C'est l'application de ce principe qui fait de Djigui un esclave du désir. Et le texte est suffisamment évocateur pour que nous ne le citions malgré sa longueur :

Les attouchements commencèrent par les oreilles, elle susurra ou plutôt souffla des mots obscènes indistincts. Les doigts descendirent, s'égarèrent ; Djigui répondit par des caresses qu'elle guida, les lèvres se promenèrent ; le désir profond d'un contact plus intime se créa. Djigui éclata sur la langue ; c'était la première fois qu'il connaissait ça ; tout son corps désirait ; il la demanda sur le ton pleurard d'un enfant... Elle lui enseigna une position ; rapidement, au sentiment de détente succéda un rythme qui l'emporta, le désir d'aller plus profondément. Jamais il ne l'avait vécu aussi prolongé. Enfin, tout son corps se convulsa, la sensation de chaleur envahit le bassin et ce fut la tempête... Djigui en soufflant tomba dans le lit, désarticulé. Jamais, jamais il n'avait vécu aussi longtemps une... (Monnè, 153-154).

Djigui est tellement subjugué par le comportement sexuel de Moussokoro qu'il en arrive à se demander si Allah autorise tout cela. La réponse de la jeune femme est simple : « Dès lors qu'Allah vous fait un don, ce don vous appartient, il vous est loisible de le consommer de la manière qui vous plaira, a dit le Tout-Puissant dans son livre » (Monnè, 154). A ce niveau, il y a lieu de se demander si les enseignements reçus à Toukoro ne portaient pas essentiellement sur son rôle de maîtresse, d'amante, même si ses concitoyens pensent que ce sont les fétiches qui conquièrent le roi. Moussokoro devient comme une drogue pour Djigui. Chaque soir il délaisse les autres épouses pour honorer la mauresque. Mais la jeune femme ne sait pas seulement tenir un homme au lit, elle sait aussi le nourrir comme le lui apprend sa mère : « Sa maman lui enseigna les petits secrets des femmes du Nord pour se faire préférer : l'art de l'amour et les recettes des succulentes cuisines des femmes du Nord que nous, Malinkés du Sud aimons tant et que nos épouses ignorent » (Monnè, 130).

En réalité, les gens de Soba vivent dans l'illusion. Ce qu'ils attribuent aux fétiches n'est que le fruit de tout un comportement stratégique bien réfléchi. Dans le cas de Moussokoro, il y a la mise à contribution du savoir-faire culinaire et sexuel pour apprivoiser Djigui. Elle y réussit pleinement puisque le roi n'a d'yeux que pour elle et lui accorde tout ce qu'elle veut. Le fils issu de cette union a un traitement particulier par rapport aux autres : « Le premier fils de Moussokoro se nommait Béma. Gosse, Béma sautait sur les genoux du roi, joie qu'aucun des trois cents autres rejetons de Djigui ne goûta. Non circoncis, il rentrait tous les soirs chez sa mère, [...] y rencontrait le roi qui fut pour lui un familier et non le lointain patriarche sur lequel on ne levait pas les yeux » (Monnè, 150). Mais pour le peuple, elle détient des pouvoirs magiques et on peut dire que c'est aussi la raison pour laquelle elle est à la fois admirée et crainte. Et Moussokoro ne fait rien pour détromper les sujets de son époux. Au contraire, elle entretient cette croyance en la force de sa magie pour continuer à être crainte.

Dans *Les Soleils des indépendances*, certains mythes sont aussi ébranlés. Fama de retour au village n'arrive pas à s'imposer sur le plan politique. Nous avons vu que la chefferie est supprimée au profit des comités de villages qui sont chargés d'exécuter les décisions du gouvernement. Fama réussit juste à rentrer dans le Parti et ceci, après force négociations. Il n'y détient aucun pouvoir malgré tout le mythe qui est tissé autour de la généalogie des Doumbouya. D'ailleurs ce prince connaît plus tard l'enfer de la prison et même la mort en rentrant dans son village. La mort de Fama est significative. Étant donné que dans le Horodougou, la dynastie royale n'a rien à voir avec le commun des mortels, tout prince devient une personne sacrée. En plus le totem vient renforcer davantage son aura. Dans le cas de Fama, aucun animal ne peut en principe, lui faire de mal, car dans l'imaginaire collectif, il a pouvoir sur toutes choses. Seulement, les faits sont différents des croyances. Fama voulant passer la frontière a des ennuis avec les douaniers. Il décide de traverser malgré tout le fleuve en passant sous le pont. En agissant ainsi, il est animé d'une conviction :

Fama s'avança vers le côté gauche du pont. Le parapet n'était pas haut et sous le pont, en cet endroit, c'était la berge. Les gros caïmans sacrés flottaient dans l'eau ou se réchauffaient sur les bancs de sable. Les caïmans sacrés du Horodougou n'oseront s'attaquer au dernier descendant des Doumbouya. […] L'eau n'arrivait pas à la hauteur du genou. Il voulut faire un pas, mais aperçut un caïman sacré fonçant sur lui comme une flèche. Des berges on entendit un cri (SDI, 200).

Fama se trompe sur toute la ligne. Il oublie que les caïmans même s'ils sont sacrés dans l'imaginaire collectif restent des animaux féroces. Ces bêtes viennent démentir totalement le mythe ; Fama reste un homme et le caïman, une bête prête à dévorer quiconque se retrouve dans l'eau, fût-il prince. Des croyances semblables peuvent être relevées dans *En attendant le vote des bêtes sauvages*.

Les sociétés dans lesquelles évoluent les hommes sont fortement imprégnées par des croyances de toutes sortes. Les choses se passent comme dans les sociétés antiques où tout s'explique par les agissements des dieux. Comme nous l'avons dit précédemment, Maclédio, lors de ses pérégrinations rencontre divers peuples. Chez les songhaïs, il rencontre des êtres portés sur la mystique. Il faut déjà remarquer que ce peuple est profondément attaché à l'animisme alors qu'ici, les hommes sont très tôt mis en contact avec l'Islam. Mais à l'analyse, ceci est tout à fait normal puisqu'en Afrique de l'Ouest, Islam, fétichisme et mythes cohabitent sans que cela constitue quelque gêne. C'est pourquoi les songhaïs n'oublient pas leurs traditions :

Ils embrassèrent le mahométisme au XIè siècle mais n'acceptèrent jamais d'effacer les croyances anciennes, de renoncer aux danses de possession. Dans les mythes musulmans, ils puisèrent de nouvelles croyances, de nouveaux éléments, les malakas, et les ajoutèrent aux cultes des ancêtres et aux génies traditionnels négro-africains de l'eau, du ciel, du vent, de la foudre et de la brousse pour constituer un panthéon cohérent et une mythologie complexe appelée les holeys (VBS, 140).

Ce peuple pérennise les pratiques traditionnelles malgré la colonisation qui vient bouleverser leur univers. Mais les songhaïs créent justement des dieux qui incarnent le mal de la colonisation : « Les Songhaïs s'aperçurent qu'il manquait une catégorie à leur univers : la méchanceté ; des dieux à leur panthéon : les méchants. Ils créèrent les hawka. Les hawka sont des génies méchants » (VBS, 140). Il faut noter que la création des dieux de tous genres obéit à la stratification de l'administration coloniale. Tous les maillons du pouvoir colonial sont représentés chacun par une divinité : « L'état-major des génies méchants est calqué sur l'organisation de l'administration coloniale. C'est ainsi que dans cet état-major on trouve le génie méchant Gommo (le gouverneur), le Zénéral Malia (le général des militaires), le King Zuzi (le roi des juges), le Sekter (le secrétaire de l'administration) et le Kaporal Gardi (le caporal des gardes) » (VBS, 140-141). L'on comprend pourquoi un demi siècle après la colonisation ce peuple continue dans les mêmes pratiques. L'arrivée de Maclédio va enrichir leur panthéon d'un nouveau dieu. Nous avons vu que l'homme de destin de Koyaga, pour échapper à la colère des Agnis avait dû revêtir la tenue de *clocheteur* de fétiches. Mais, en plus, il dérobe une bourse remplie d'or. Maclédio arrive dans le village des Songhaïs alors que le peuple est en pleine danse de possession : « Mais, depuis que l'Afrique et les Songhaïs existaient, jamais au cours d'une danse de possession un homme couvert de kaolin et de pagnes multicolores n'avait surgi de la brousse avec une bourse d'or. Maclédio était et ne pouvait être qu'un génie, le génie de l'or. Le nouveau génie fut appelé Maclésani » (VBS, 141).

A ce niveau, il est aisé de comprendre pourquoi les nouveaux dictateurs n'auront pas trop de mal à s'imposer. La manœuvre de Sakombi chez l'homme au totem léopard réussit pleinement et surtout, le pays commence à considérer le maître temporel comme un envoyé, un sauveur : « Les mânes lui avaient demandé de dire que l'homme au totem léopard avait été envoyé pour sauver le peuple de la République du Grand Fleuve. Ils avaient désigné le totem léopard comme le chef, l'unique chef, l'intermédiaire entre les vivants et les mânes. Ils avaient fait connaître ses noms : fouilli tè kèrèmassa mi lalo (le grand guerrier qui triomphe de tous les obstacles) » (VBS, 227).

Il faut noter que le peuple intègre facilement et aisément cette image, d'autant plus que le matraquage médiatique y est pour beaucoup. En effet, le président de la République du Grand Fleuve utilise largement la télévision nationale pour se donner l'image d'un être sans pareil, d'un dieu. Sa femme est également déifiée par une imagerie savamment répandue :

Une imagerie qui, huit fois par jour, passait sur les écrans de télévision du pays. Dans l'imagerie, le dictateur ne coulait pas de sa mère Momo : il descendait directement du ciel ; il déchirait de laiteux nuages sur fond bleu. Dans l'imagerie, Annette [...] ne sortait pas, elle du néant mais se rattrapait largement sur terre en distribuant comme le Christ beaucoup de bien et bonheur aux enfants et des miracles aux malheureux (VBS, 234).

L'image du sauveur véhiculée par l'idéologie dominante est tellement forte que les populations les intériorisent facilement. Par ailleurs, l'homme léopard opte pour l'authenticité, le retour aux valeurs ancestrales. C'est d'ailleurs ce qu'il propose à Koyaga : « Un chef africain est nettement supérieur à un empereur, conclut l'homme au totem léopard et il vous conseilla d'appliquer, comme système de gouvernement, l'authenticité. C'était le gouvernement qui convenait aux Africains » (VBS, 226). Sakombi le Ministre qui dit avoir reçu des consignes à travers un rêve, est la personne chargée d'appliquer le concept. C'est pourquoi, il est le premier à respecter les préceptes des ancêtres, suivi en cela par l'homme au totem léopard : « Sakombi s'était présenté de blanc vêtu dans une tenue Mao (il avait remisé ses costume et cravate) : c'était le vêtement recommandé par les mânes. Il annonça qu'il avait renoncé à son nom chrétien (il ne s'appellerait plus qu'Inongo). L'homme au totem léopard ne devait plus sortir sans ses attributs de chef : la peau de léopard et la canne d'ivoire au pommeau en or massif » (VBS, 228). Il s'installe ainsi un mythe à partir d'une idée surgie de l'imagination d'un individu qui veut conserver son poste[7].

7. L'on se rappelle que le concept d'authenticité a fait fureur de 1970 à 1990. Les citoyens ont changé leur manière de s'habiller et même leurs patronymes. Le nom du Président Joseph Désiré Mobutu devient

Ces éléments qui sont référentiels nous renvoient au régime de Mobutu. L'on sait aussi qu'il ne sortait jamais sans ses attributs de chef. Et, sous son règne, divers mythes sont véhiculés au Zaïre. C'est d'ailleurs ce que déplore V.Y. Mudimbe car ces imageries ont des conséquences néfastes sur les individus :

> Les mystifications dont nous vivons ne nous sont d'aucune aide. Ce sont des mythes auxquels personne ne croit vraiment. Ils tournent à vide, obscurcissent la pensée des plus intelligents et des plus généreux. Qu'au Zaïre, par exemple, les thèmes de l'authenticité aient pu, sérieusement, être entonnés et aient survécu de 1970 à 1990, au moment où le pays se dégradait progressivement et glissait dans l'incohérence, n'est simplement pas compréhensible (Mudimbe, 1994 : 63).

A ce niveau de l'analyse nous dirons que les personnages ont une certaine charge sémantique. A travers leurs agissements, nous percevons une réalité qui a marqué un pays, une culture précise. C'est d'ailleurs ce que remarque Philippe Hamon : « Tous renvoient à un sens plein fixe, immobilisé par une culture, à des rôles, des programmes, et des emplois stéréotypés, et leur lisibilité dépend directement du degré de participation du lecteur à cette culture (ils doivent être appris et reconnus). Intégrés à un énoncé, ils serviront essentiellement « d'ancrage » référentiel en renvoyant au grand Texte de l'idéologie, des clichés, ou de la culture » (Hamon, 1977 : 122).

Mais, à partir des éléments relevés dans l'œuvre, nous dirons qu'Ahmadou Kourouma utilise des subterfuges et transfigure les faits. Ainsi, la ville natale de Mobutu qui

---

Mobutu Sese Seko Wasabanga... En plus, l'on sait qu'il se faisait appeler l'homme léopard et portait toujours le fameux Abacost.

est Gbadolite devient Labodite dans le roman et l'histoire est racontée sous une forme romancée. Si l'on n'y prend garde, l'on peut se retrouver piégé par les effets de réel ; car comme le souligne Marie-Françoise Chitour citant Delfau et Roche, « l'auteur gomme le temps du récit (son temps à lui) pour mieux prendre le lecteur au piège du temps historique » (Chitour, 1985 : 127).

Dans le roman, les détenteurs du pouvoir mettent tout en œuvre pour être en vue. C'est pourquoi ils se présentent comme des êtres incontournables auquel est immanquablement lié le destin de tout le pays. C'est ainsi que toute action, tout comportement par rapport au détenteur du verbe sera celui du disciple envers le maître, celui du fidèle envers Dieu. Koyaga au cours de sa tournée à travers le pays reçoit un accueil qui n'a rien à envier à celui de Jésus Christ entrant à Jérusalem : « Des groupes de femmes criaillant, chantonnant, vous entourent, se saisissent de vous. D'autres vous essuient, vous éventent avec leurs fatras, étalent leurs pagnes sous vos pas. Elles ne veulent pas que vos pieds frôlent le sol. Elles vous soulèvent, vous déchaussent, lavent vos pieds et s'abreuvent de l'eau avec laquelle vos arpions ont été rincés » (VBS, 261).

Nous constatons que les différents dictateurs réussissent habilement leurs manœuvres. En fabriquant les mythes, ils jouissent d'un prestige accru. Ils deviennent l'incarnation de la vérité et font admettre l'idée selon laquelle sans eux c'est le chaos total. C'est ainsi que selon le peuple, ils deviennent les symboles du changement positif au sens où l'entend Pierre Ansart : « Ce leader n'est pas seulement un chef mais bien une cristallisation de symboles, l'incarnation vivante de la révolution accomplie, le sauveur de la nation, l'idée vivante dont le sens est intensément approuvé et aimé » (Ansart, 1977 :

138). Il y a alors instauration d'un mode de pensée qui ne peut qu'aller dans le sens des lois édictées. Dès lors, les hommes commencent à se définir par rapport aux garde-fous, aux normes établis par le régime en place. En plus, ces normes deviennent un espace sécuritaire qui permet aux individus de se sentir vivre en confiance. Dans *En Attendant le Vote des Bêtes Sauvages*, l'on assiste à la mise en place d'un imaginaire collectif qui amène les citoyens à être solidaires du groupe sans risquer de se retrouver en déphasage pour une raison ou pour une autre. Dans cette optique, Michel Simon établit à la suite de Pierre Ansart que « l'idéologie transmet un imaginaire collectif à travers lequel les sujets peuvent en particulier se comprendre, se définir, et échapper à l'incertitude de soi. Elle fournit aux sujets l'image justificatrice d'eux-mêmes et dès lors les modèles auxquels ils devront se conformer pour réaliser cette image valorisante » (Simon, 1978 : 226).

Par ailleurs, forts de ces mythes frappant l'imaginaire, les chefs installent le règne de l'impunité. Ils savent que le peuple a intériorisé l'idée de messie et c'est pourquoi ils font tout ce qu'ils veulent. En plus, l'idée d'immortalité du Guide Suprême s'incruste insidieusement dans les consciences et se renforce davantage chaque fois que le dictateur échappe à un attentat. Koyaga illustre parfaitement cette situation. Il sort indemne de plusieurs attentats. En pleine révolution, des conjurés perpètrent un coup d'État et annoncent la mort du dictateur à la radio avec une certitude qui n'a d'égale que la volonté avec laquelle ils veulent prendre le pouvoir. Mais, l'idée d'immortalité s'est tellement cristallisée chez les hommes qu'ils ne daignent pas manifester. Il faut aussi dire que cette attitude est liée à la peur viscérale des représailles après chaque putsch manqué :

Depuis trente ans, au rythme de deux à trois fois par an, des attentats étaient perpétrés contre le Guide Suprême. Les conjurés chaque fois annonçaient la mort du dictateur. Des imprudents sortaient dans les rues, affichaient leur joie, exprimaient haut leur haine. Koyaga ressuscitait, réapparaissait. Et ceux qui s'étaient ainsi découverts, avaient exprimé tout leur sentiment, étaient pourchassés, arrêtés, torturés et assassinés. Ils payaient cher, très cher, leur précipitation (VBS, 352).

Les citoyens de la République du Golfe ont raison de craindre pour leurs vies car, effectivement, Koyaga échappe une fois de plus à un coup de force. Un constat s'impose à ce niveau. Chaque échec des éventuels putschistes renforce davantage la notion d'immortalité tissée autour des dictateurs et surtout la présumée aura mystique qui les entoure. Nous pouvons par ailleurs noter qu'il s'agit beaucoup plus de pseudo coups d'État montés par le régime pour découvrir tous ceux qui sont contre le pouvoir en place. Les dictateurs profitent donc de la situation pour s'imposer comme les maîtres absolus. Toute insubordination est interprétée comme une manœuvre visant à empêcher la mission sacrée du Messie ; ce qui, en principe, déstabiliserait l'équilibre du groupe. D'où l'imposition d'une pensée unidimensionnelle qui est présentée comme étant à l'avantage de la société entière, surtout que cette pensée émane d'un dieu : « D'ailleurs il est rare – aussi rare qu'un poil sur le séant d'un chimpanzé - qu'un citoyen d'une République africaine indépendante se lève pour dire les blasphèmes que constitue l'inverse de ce que soutient son chef d'État. Les peuples écoutent ce qu'on leur dit, ce qu'on leur commande [...]. Quel croyant juge-t-il les volontés des divinités avant d'exécuter leurs paroles *?* » (VBS, 184). Il est clair que cette pensée unique ne profite qu'au maître temporel, alors qu'elle apporte un lot de soucis et de souffrances au peuple. Le dictateur est d'autant plus cynique qu'il fait croire aux hommes que ce n'est qu'à travers les souffrances que la société peut se réaliser.

L'homme au totem léopard réussit à installer un monde presque onirique dans son pays. La République du Grand Fleuve est ainsi un lieu où rien ne va plus. Il n'y a ni routes, ni hôpitaux. Les fonctionnaires sont sans salaires et les dirigeants laissent la société plonger dans l'incohérence. Le dictateur □libéralise" le secteur minier pour amener les populations à se prendre en charge. Mais ce n'est qu'une fuite en avant puisque la mesure contribue à la mise en place d'une société où tout est à l'envers :

C'est ce nouveau monde que votre hôte, l'homme au totem léopard, a voulu vous montrer avant de vous dire au revoir, à vous Koyaga. Il y croyait, lui, à ce nouveau Pays du Grand Fleuve de l'informel. Il a appelé cela le libéralisme, sa nouvelle politique. Oui ! Les handicapés portaient et transportaient sur leurs voiturettes les hommes valides. Les aveugles guidaient les voyants, tamisaient la boue, scrutaient l'eau brune, montaient des compartiments pour arrêter les pierres. Les lépreux avec les moignons creusaient, taraudaient la terre pour des bien portants ayant des mains et des doigts (VBS, 240).

Les peines et les douleurs deviennent le passage obligé pour la pleine réalisation de la société □merveilleuse" projetée par le dictateur-Messie. Cette situation de "délire idéologique"[8] crée un univers que seul le Président maîtrise : « La création d'un univers mental hallucinant répond à l'obligation d'opposer aux douleurs effectives et

---

8. L'expression est de Michel Simon, *Comprendre les idéologies*, Chronique sociale de France/Edition du Cerf, Lyon/Paris, 1978.

aux échecs une surréalité délirante où les souffrances deviennent le moyen glorieux de réaliser un univers merveilleux » (Simon, 1978 : 247). A ce stade, le mythe ne se comprend plus au sens où l'entend Mircea Eliade c'est-à-dire une histoire sacrée qui s'est passée *in illo tempore*, au temps primordial et révèle la vérité d'une réalité sociale, d'un ordre naturel. Le mythe devient plutôt un ensemble d'histoires montées, d'images qui viennent légitimer un ordre. Le Guide Suprême « peut reconstituer des formes de pensée mythique et puiser dans cette confusion un élément de sa persuasion. [...] Le discours construit ici des mythes d'attestation (le sol, la nation, le chef omniscient) propices à la soumission » (Ansart, 1979 : 153). Il y a ainsi récupération du caractère sacré du récit mythique par les dictateurs et application de cet aspect sacré à leur enfance et à leur manière de gérer en tant que présidents. Il est donc évident que dans *En Attendant le Vote des Bêtes Sauvages*, les présidents mettent en place des mécanismes qui les aident à se maintenir au pouvoir. Mais, nous verrons aussi que ces individus utilisent des procédés plus insidieux qui contribuent aussi à bouleverser la mentalité des citoyens.

B- LE PRAGMATISME ET LA LOGIQUE DU POUVOIR

Au-delà des mythes sur lesquels s'appuient constamment les maîtres du pouvoir, il y a aussi le fait que l'on soit dans un système institutionnel régi par des lois et des normes. Ce sont des créneaux, des passages obligés par lesquels tous les chefs d'État dans l'œuvre passent pour consolider leur pouvoir. Nous avons déjà vu que le système opère par la récupération des mythes et la déification du chef. Nous verrons que les dictateurs font un culte de la personnalité qui ne se base plus sur les mythes mais plutôt sur des manœuvres propagandistes des différents ministres de l'Orientation et de la Propagande et autres « Responsables de l'idéologie ». Ces manœuvres contribuent à rendre le président omniprésent. Les régimes totalitaires atteindront leur summum avec l'atrophie des consciences qui marque la maîtrise de ce qui peut bouleverser un Ordre, à savoir l'intellect.

1 - Le culte de la personnalité

Dans les textes d'Ahmadou Kourouma, ceux qui décident ne lésinent sur aucun moyen pour valoriser chaque fois leur image auprès de la population. Si l'utilisation de l'imagerie est constante, nous devons ajouter que le maître temporel a toujours à côté de lui des personnes qui sont chargées de soigner son image. Dans *Monnè...* et *Les Soleils...* les griots sont les personnes assignées à cette tâche. Leur rôle est de chanter les louanges du chef. Ils sont aussi la mémoire du peuple : « Les griots n'étaient pas seulement des panégyristes, mais aussi des entremetteurs, des généalogistes et des historiens » (Monnè, 41).

De fait, le griot apparaît comme un maillon essentiel du pouvoir et c'est ce qui pousse Djigui à s'attacher les services de Mory Diabaté, l'ex-griot de Samory. Les panégyristes présentent toujours le roi sous son meilleur jour. Et c'est pourquoi ils fabriquent des mythes de toutes sortes pour montrer que le roi est un être hors du commun : « Les premières saisons de son règne, il ne s'était livré à rien de vrai qu'à épouser de nombreuses vierges – il était le plus fort et le plus beau. Se faire célébrer par les adulateurs et les griots – il était le plus grand. Transformer ses esclaves en sbire et en sicaires – il était le plus intelligent du Mandingue » (Monnè, 15). Une chose est remarquable quand on observe les agissements des griots. Même dans la honte de l'occupation, ils chantent toujours la force, le courage de Djigui Keita. Ils font tellement corps avec leur fonction qu'encenser le détenteur du verbe devient mécanique ; ce qui d'ailleurs irrite Djigui au plus haut point :

Les griots ont alors entonné le chant traditionnel qui louange les Keita et au rythme duquel tous les ancêtres Keita ont fait trotter tous les vendredis, depuis des siècles, les chevaux de la mosquée au Bolloda.

Allah engendra le monde, mais ne conçut pas l'égalité

Bailla à chacun ce qu'Il voulut

Aux Keita, la Puissance et la Force…

Je ne leur ai pas laissé le temps d'achever ; je leur ai commandé de fermer les bouches. Ils ne voyaient pas que mes bras et mes armes inhabiles étaient courts comme nos forces, que le Mandingue était couché (Monnè, 49).

Ils sont tellement pénétrés de leur rôle depuis des siècles que glorifier le roi est une part essentielle de leur fonction. Ils fabriquent toute une mythologie sur le roi et sa descendance, ce qui justement renforce la croyance des masses. Mory Diabaté n'hésite pas à falsifier l'histoire :

C'est pendant le boribana que j'ai révélé ou, mieux, créé l'histoire officielle de la dynastie des Keita. J'ai commencé par affirmer qu'ils descendaient de Soundiata, l'empereur légendaire, unificateur du Mandingue. C'était une vérité historique qui s'imposait ; tous ceux de Soba le disaient et le croyaient : il n'y a pas un seul Keita sur l'infinie étendue du grand Mandingue qui ne se prétende descendant de Soundiata ! » (Monnè, 186).

Nous pouvons observer que le roi à ce niveau n'aura aucun mal à manipuler les consciences. Il est le descendant de prestigieux rois africains et en plus est un proche d'Allah. Nous constatons ici que le travail que fait le griot est, sur le plan objectif, plus efficace que les sacrifices commandités par les marabouts et les féticheurs. Mory Diabaté va plus loin dans le délire d'invention et fabrique la généalogie des futurs Kéita. Il fait le panégyrique des treize rois, avec leurs noms et leurs attributs, qui régneront après Djigui Kéita (Monnè, 190-193). Cette projection dans le futur vise à créer le mythe de l'intemporalité de la dynastie qu'il sert. Elle vise aussi à ancrer dans l'imaginaire présent et futur des gens de Soba un ordre dynastique qui ne saurait être contesté. Djéliba Diabaté subjugue ainsi les esprits par son verbe.

Il en est de même des responsables de la propagande des républiques post-indépendantes. La subjugation des foules n'est pas en réalité l'œuvre des féticheurs, mais plutôt des personnes comme Maclédio qui ont pour profession la manipulation des foules et le viol des consciences. Et la propagande est particulièrement efficace dans *En attendant le vote des bêtes sauvages*.

Les différents présidents, avec l'aide de leurs responsables de l'idéologie et de la propagande mettent en place des stratagèmes qui les rendent omniprésents, et qui font croire aux populations qu'ils sont partout à la fois. Dans chaque ville et dans chaque rue, les Guides Suprêmes érigent leurs statues et tous les fonctionnaires doivent manifester leur amour pour le chef. Koyaga en fait usage dans sa république :

Dans sa République, le Guide suprême était partout et en tout temps omniprésent. Tous les fonctionnaires responsables du parti, tous les dépositaires d'un petit bout d'autorité dans la République portaient son effigie en médaillon. Le plus insignifiant hameau, aussi perdu soit-il, avait sa place et sa maison de Koyaga. Dans chaque agglomération d'une quelconque importance, trônait au milieu de la place Koyaga une statue de Koyaga (VBS, 288).

Il est indiscutable que le détenteur du verbe investit systématiquement tous les lieux. Même les endroits les plus reculés de la République portent la trace du dictateur. Cette prétendue omniprésence se double aussi d'une certaine omniscience. Nous avons vu que ceux qui décident se font passer pour des prophètes. De toute évidence, cela doit s'accompagner d'une parfaite connaissance de tout. Les discours d'attestation commencent par le Président lui-même qui se considère comme le premier dans tous les domaines. Bien évidemment, cela trouve un écho favorable chez le peuple qui est tenu par le discours monologique comme c'est le cas chez Nkoutigui : « Dans sa république socialiste, Nkoutigui était appelé le premier footballeur, le premier médecin, le meilleur agriculteur, le meilleur mari, le plus pieux et le plus grand musulman, etc. Il aimait parmi toutes les adulations, celles qui le qualifiaient de plus talentueux écrivain, de plus grand poète de son pays » (VBS, 159). Lorsqu'on sait qu'il a une pléthore de maîtresses et qu'il est l'un des écrivains les plus médiocres de sa République, l'on mesure tout le danger contenu dans ce discours.

L'adulation du chef ne se limite pas aux portraits et aux statues qui se voient partout. Même l'hymne national est à la gloire du président Koyaga et de son Parti : « Vous étiez ce matin là particulièrement jovial. Vous avez écouté religieusement l'hymne national qui vous glorifie, vous et votre parti unique » (VBS, 268). Étant donné que l'hymne national d'un pays est un chant de ralliement qui doit refléter toutes les aspirations d'un peuple, il est évident que dans ce contexte c'est un seul individu qui est mis en valeur. La glorification du président et du Parti s'inscrit en droite ligne de l'adhésion pure et simple aux idées du Guide. Cette reconnaissance des idées imposées est le résultat des manœuvres de persuasion orchestrées par les organes de propagande.

En effet, tous les présidents mettent sur pied des organes chargés de diffuser l'idéologie du parti. C'est pourquoi dans ces régimes, il y a toujours des ministres qui ont pour rôle de marteler à longueur de journée les discours du dictateur et les images qui valorisent sa personne. Sakombi, le ministre de l'Orientation, ne se prive pas de donner toutes sortes de noms au président ayant pour totem le léopard. Les termes comme « Le Président-soleil, le Génie du Grand fleuve, le stratège, le Sauveur, le père de la nation, l'Unificateur, le Pacificateur… » (VBS, 228), reviennent régulièrement dans ses discours. Les chargés de propagande, pour mieux faire passer les messages, utilisent une stratégie qui consiste à faire croire aux récepteurs que le peuple adhère à ces idées du régime par pure conviction, comme le remarque Pierre Ansart : « Le récepteur est invité à croire qu'il adhère aux messages par pure conviction, et sans que les appareils et dispositifs de diffusion n'aient manipulé son assentiment » (Ansart, 1977 : 84). Pour les responsables de l'idéologie, c'est la spontanéité et non les manipulations des appareils de diffusion idéologique qui incitent le peuple à adhérer à leurs discours.

C'est en réalité une mystification. Les producteurs de tous ces messages n'hésitent pas à démontrer aux citoyens qu'ils sont les détenteurs du langage de la vérité ; que ce soit par la force ou par des méthodes plus fines. De telles manœuvres favorisent la maîtrise de l'émotivité des foules qui, en réalité, sont souvent sans repères. Pour reprendre Serge Hutin, la méthode de la propagande sera tantôt subtile, voire insidieuse, tantôt délibérément déchaînée, envahissante. Les propagandes totalitaires savent fort bien, quand elles en sont à ce stade, canaliser les aspirations messianiques qui, chez d'innombrables êtres frustrés, ne demandent qu'à s'épanouir. D'où l'omniprésence des portraits de l'"Homme-Providence", autour duquel s'organisera la convergence des élans messianiques des masses déboussolées (Hutin, 1973 : 173-174).

Parallèlement, il y a mise en place d'un réseau d'information qui contrôle l'adhésion effective aux idées du chef, et surtout qui vérifie qu'il y a reproduction fidèle des images chères au dictateur. Ces réseaux intègrent la police, les services de renseignements de l'armée, de la Présidence. Au-delà, le citoyen le plus ordinaire peut aussi fournir des informations et, dans la plupart des cas, est récompensé : « Cette mère qui obtient le grade de chevalier de l'ordre du Golfe pour avoir dénoncé le mari avec lequel elle avait quatre enfants. En feignant de dormir, elle avait écouté à minuit le discours subversif que son mari et ses compagnons de poker tenaient dans le salon » (VBS, 313). C'est ainsi que sous le règne de Koyaga, tout se sait. Les moindres gestes, les attitudes et les paroles sont contrôlés : « Il est difficile, sous la férule de Koyaga, au citoyen de pousser un soupir, murmurer en demi-mot, siffler un air, même chez soi, sans que le Président en soit informé. Très difficile de sortir le soir, changer d'habit, boire et manger avec des amis, des parents sans que vous en soyez informé » (VBS, 284). Les renseignements glanés par les différents services sont fidèlement transmis au Président en personne qui agit en conséquence, généralement par l'intimidation ou la répression pure et simple :

Et il n'est pas rare qu'un cadre, un homme politique, s'entende répéter le matin au téléphone par le Président lui-même des propos qu'il a imprudemment tenus le soir en privé à des amis sûrs. Le Président termine généralement ses appels téléphoniques par un rire sarcastique ou un lourd silence… C'est une menace ; le cadre panique. Il se sent traqué et cesse d'avoir confiance en son entourage, en ses amis (VBS, 285).

Dans un tel pays, la confiance devient un vain mot. Les individus se contrôlent mutuellement. Que ce soit par le biais de la terreur ou de l'adhésion spontanée au système, une évidence s'impose : Le chef est magnifié, adulé, sublimé et même sacralisé. Il s'agit pour le groupe de se rassurer, et de trouver malgré tout en leur chef l'homme de la Providence comme le souligne Pierre Ansart : « Dans le discours d'amour à l'adresse du héros, dans le culte spontané de sa personnalité, le groupe confirme sa gloire et l'intensité de ses relations internes : il invente une nouvelle forme de sacré à travers laquelle il se réassure. Il invente les héros, les saints qui illustrent sa propre gloire » (Ansart, 1977 : 140).

Les mésaventures qui arrivent à Fama sont les résultats de son inconséquence et de son imprudence. Le caporalisme qui sévit dans son pays se manifeste sous la forme de la répression qui survient par l'arrestation de plusieurs personnes. Fama prend la mesure du pouvoir de subjugation du président de la république le jour où il est libéré avec d'autres personnes : « Cette fois le discours commença, le président parla […] Fama n'en croyait pas son ouïe. De temps en temps il enfonçait l'auriculaire dans ses oreilles pour les déboucher, il se demandait constamment s'il ne continuait pas à rêver. Tout était bien dit, tout était ébahissant » (SDI, 180). Pour un individu qui vient de sortir de l'enfer, il y a de quoi être ahuri par un discours qui parle de fraternité, d'humanisme, d'amour, d'avenir radieux pour le pays.

Le président par le culte de la personnalité nie les individualités. Il devient le seul, l'unique dans tous les domaines. Il est seul avoir les prérogatives de l'élaboration et la diffusion des discours. Il nie les particularités et anesthésie les esprits. Cette négation des particularités mène droit à l'atrophie des consciences.

2 – Les discours et les pratiques soporifiques

Les individus qui fabriquent le discours ambiant s'arrangent comme nous l'avons vu à avoir l'adhésion de la masse. Le véritable objectif consiste à amener les hommes à ne pas tenir de discours sur le régime en place. Pour ce faire, Koyaga instaure un système de fêtes qui permet de détourner les individus de la réalité. Dans la République, une grande quantité de fêtes se célèbre chaque année. Les conspirations, les attentats sont commémorés ainsi que les différentes fêtes nationales et celles organisées chaque année par la confrérie des chasseurs. Les dates des initiations du dictateur, de son père et de sa mère sont fêtées sans compter que « la fête des victimes de la colonisation » (VBS, 290) rappelant le décès du père de Koyaga est l'une des plus importantes du pays. En réalité, c'est un procédé qui permet de détourner l'attention des administrés : « Le peuple de votre République est ou en fête ou en préparation de commémorations. Vos administrés n'ont jamais le temps de réfléchir. Pendant tout votre règne, ils se perdent, se soûlent dans les réjouissances publiques » (VBS, 290). Par ce procédé, les citoyens ne peuvent pas porter un regard neuf sur la société, ni avoir une vision critique sur le fonctionnement de la machine étatique. Tiékoroni a si bien intégré ce subterfuge qu'il n'hésite pas à déclarer que le peuple n'a pas à analyser : « Les peuples écoutent ce qu'on leur dit, ce qu'on leur commande. Ils n'ont pas le temps de tourner, de soupeser, de comparer les actes d'un président » (VBS, 184). Cette impossibilité de réflexion est tout à l'avantage du discours univoque qui se développe. La pensée unidimensionnelle qui est de rigueur engendre des répétitions, des clichés de toutes sortes qui aboutissent au dogmatisme comme l'établit Michel Simon : « La circulation des messages idéologiques présente [...] des caractéristiques bien connues : la répétition, la ritualisation, le psittacisme, l'écholalie, signes non équivoques d'une production idéologique figée qui se sclérose en dogmatisme » (Simon, 1978 : 225).

Le dictateur installe le trouble volontaire dans les consciences par ses discours. Les fêtes sont souvent pour Koyaga, les occasions de semer la confusion et de récupérer les individus. Pour commémorer les attentats, il tient systématiquement à ce que les comploteurs soient présents. Son langage est toujours empreint de contrastes. Il entretient chez les insurgés un comportement ambivalent. La première phase consiste à installer la terreur qui mène certains au suicide. Le dictateur s'arrange à présenter l'abandon total dans lequel ils se trouvent. De fait, ceux-ci se sentent rejetés par tous : les nations occidentales, les dieux, leurs propres amis et leurs familles. En même temps, Koyaga assortit à cette terreur un appel à la fraternité. Maclédio le chargé de l'idéologie est son porte-parole : « Dans tous les cas le suicide n'est pas la meilleure solution pour le pays. Maclédio le dit aux hommes politiques et leur suggère d'autres voies » (VBS, 274). Il est aisé d'imaginer quelles voies le responsable de l'idéologie propose. Il s'agit de faire comprendre aux comploteurs que le pays a besoin des bras de ses fils pour que l'œuvre de "construction nationale", idée chère au président de la République, soit effective ; car c'est une lourde tâche qui incombe à tous. En réalité, ce n'est qu'un procédé qui consiste à doser intelligemment la nécessité d'adhérer à l'idéologie dominante.

De l'autre côté, le discours montre le danger qu'une action à contre-courant de l'idéologie dominante pourrait engendrer dans cette si grande œuvre d'édification d'une nation unie, riche et prospère. Cette situation n'est autre chose que le processus du "double bind" ou double lien qui, comme l'affirme Roland Jaccard, est « le stratagème prototypique de la terreur et de la confusion […] injonction contradictoire qui consiste à assortir une demande explicite d'un appel affectif en sens contraire, de manière à bloquer le sujet dans une situation sans issue » (Jaccard, 1984 : 102). La situation de blocage mène tout naturellement à la docilité. Mais, il faut aussi voir que même si le Guide n'utilise pas cette méthode, il y a déjà amorce de suivisme à la base. Le chef, dans sa volonté de s'imposer investit tous les domaines. Nkoutigui lui, pousse la logique plus loin en instaurant ses livres et manuels au programme à tous les niveaux de l'enseignement :

L'homme en blanc était un insomniaque et un versificateur médiocre qui pour se relaxer entre deux dossiers griffonnait des lignes sur des pages de cahiers d'écolier que les services de la présidence qualifiaient de poésies ou pensées, assemblaient et éditaient en livres richement cartonnés. Ces livres étaient les seuls à être lus, étudiés et commentés dans les écoles, instituts et universités de la République des Monts (VBS, 159-160).

Il est évident que l'introduction des livres du président dans les programmes scolaires obéit à un conditionnement, à un moulage des esprits dès l'enfance. Les générations ainsi conditionnées ne feront que redupliquer et attester les discours du chef. L'on comprend dès lors pourquoi au plus fort de la bourrasque des années 1990, Koyaga réussit encore à s'imposer. En somme, on peut dire que les manipulations du dictateur mettent en place des archétypes non pas innés comme l'estime Carl Gustav Jung, mais acquis. Et « ceux-ci apparaissent en quelque sorte comme des représentations inconscientes des instincts eux-mêmes ; ce sont des modes de comportement instinctifs » (EDMA, 1975 : 56). Les citoyens en effet, ne peuvent plus faire montre de créativité et fonctionnent par suivisme. En installant la répression, la pensée unique, les mythes, le lavage de cerveau, le processus de double bind, les dictateurs obtiennent facilement la soumission et la passivité des citoyens. Ainsi, ces derniers ne peuvent plus analyser leur situation. C'est le constat que Pierre Ansart fait dans son ouvrage *Idéologies, Conflits et Pouvoir* : « Dans le cas d'une idéologie de maintenance, l'occultation exercerait un effet en quelque sorte hypnagogique détournant les agents d'une analyse critique de leur propre situation : à la façon d'une religion, l'idéologie construit un univers imaginaire qui détourne et assoupit les consciences dans la passivité » (Ansart, 1977 : 233).

En outre, à défaut d'obtenir la reconversion des citoyens qui seraient tentés de conquérir le pouvoir, les dictateurs utilisent la mise à mort. Pour résumer notre propos, nous remarquons que ce sont les ambitions personnelles, les mythes qui poussent les individus à conquérir le pouvoir. C'est ici que nous avons établi que la soif du pouvoir pousse les individus à recourir aux services des féticheurs, des marabouts, des devins. En ce qui concerne l'axe du conflit ou du pouvoir, nous avons pu voir les batailles qui opposent les détenteurs du pouvoir et les différents opposants qui veulent les renverser. En somme, ce que les gens veulent imposer sur la base du fétichisme, du totémisme n'est que tromperie, illusion. Les acteurs politiques sont des prestidigitateurs qui manipulent les consciences avec des manœuvres propagandistes et profitent de la crédulité des masses pour imposer un code de conduite et une vision du monde. D'ailleurs Ahmadou Kourouma lui-même ne cache pas son point de vue par rapport à l'usage des fétiches :

> Je ne crois pas au fétichisme. Pour une raison très simple : si ce qu'avançait la magie était vrai, notre histoire ne serait pas aussi tragique ! [...] Si les Africains avaient réellement le pouvoir que leur promet la magie, ils n'auraient pas accepté l'esclavage, ni la colonisation. La tradition explique que si la magie ne réussit pas toujours, c'est à cause d'une faute commise dans le rituel. Le malheur viendrait d'une erreur dans la méthode utilisée dans la pratique fétichiste. Mais je n'y crois pas (Armel, 2000 : 100).

Mais, nous verrons que malgré cette situation qu'on qualifierait de désespérante, il y a quand même, à un moment, un bouleversement social qui vient quelque peu freiner les pratiques qui ont cours dans la société. Ce bouleversement est lié à une volonté des individus de tout refaire, de tout reconstruire, mais aussi et surtout à la volonté de briser la subjugation provoquée par des manipulations savamment et froidement montées que l'on camoufle derrière de prétendus pouvoirs fétichistes. Mais en même temps, nous verrons que les nombreux personnages qui élaborent des stratégies de conquête du pouvoir procèdent eux aussi à la fétichisation et à la mythification de leurs actions.

CHAPITRE IV
EXORCISME, REFÉTICHISATION ET REMYTHOLOGISATION

A- LA DÉMOCRATIE ET LES ILLUSIONS

Les années 1990 marquent l'avènement des mouvements démocratiques en Afrique. Cela implique le multipartisme, le respect des droits et libertés, bref tous les idéaux qu'un État moderne dit démocratique doit respecter. Dans les textes de Kourouma, La bourrasque venue de l'extérieur sera pour les Africains vivant jusqu'alors sous le joug d'un pouvoir centralisateur et dictatorial, l'occasion de revendiquer leurs droits qui ont toujours été occultés par les Présidents. C'est pourquoi dans *En attendant le vote des bêtes sauvages*, l'on assiste à des soulèvements qui, en s'accentuant, se prolongent dans l'anomie sociale et débouchent sur une Conférence nationale qui est tout, sauf le terreau d'une démocratie émergente.

1- L'implosion sociale

Dans *En Attendant le Vote des Bêtes Sauvages*, la société est régie par un fonctionnement atypique. En réalité, l'espace social n'est plus le lieu où les individus connaissent un certain épanouissement, mais plutôt un lieu où un discours unique brise toutes les valeurs positives. La corruption, la gabegie, la délation sont des pratiques courantes et admises. La déification du chef, la logique univoque brise toute velléité d'émergence des individus. C'est pourquoi il y a étouffement de l'esprit créateur, d'où le manque de renouvellement. Par ailleurs c'est un système qui distribue grassement des prébendes. Mais, s'il sait distribuer, il y a un sérieux problème dans la manière de générer les biens. Il n'y a pas un mécanisme permettant de stimuler la production des devises qui pourraient renflouer les caisses de l'État. C'est pourquoi les caisses de stabilisation sont en manque d'argent, surtout que les cours des produits de rente sur le marché mondial connaissent une chute vertigineuse. Cette grave situation met le pays de Koyaga dans la crise économique : «Les cours du coton, du café et du cacao ont chuté sur le marché international. La sécheresse sévit dans les champs, les vallées et les montagnes. La caisse a beaucoup décaissé pour soutenir les prix. Elle a raclé les derniers fonds pour financer les manifestations du trentième. Elle ne peut plus faire des avances au Trésor public et aux entreprises et sociétés d'État » (VBS, 323). En plus, il est important de souligner que les citoyens, même s'ils subissent certaines exactions, se complaisent dans leur situation. Tant que le système prébendier nourrit tout le monde, la déification du chef et le système tout entier ne sont pas remis en cause.

Par ailleurs, les fonctionnaires ont été tellement habitués aux fériés chômés et payés qu'ils ne travaillent plus vraiment. Les conséquences néfastes de la situation se feront sentir aux lendemains de la commémoration du trentième anniversaire de l'indépendance :

Les fonctionnaires et les salariés des entreprises et sociétés d'État, après l'interminable défilé, s'estimèrent fatigués et ne rejoignirent pas les bureaux et les ateliers le lendemain. Ils se donnèrent deux semaines de congé dans les champs et les villages. Ils ne pensèrent à leurs postes de travail qu'à la fin du mois, le jour du paiement des soldes [...]. Ils n'en crurent pas leurs oreilles quand les directeurs financiers leur annoncèrent : « Pas d'argent pour régler les salaires (VBS, 322).

Les appels à l'aide extérieure restent vains. Les dictateurs utilisaient généralement la menace rouge pour avoir l'aide de l'Occident, sous le prétexte de traquer les communistes. Ils font du chantage car ils menacent à chaque fois de basculer dans le camp communiste. Le monde jusque dans les années 1990 connaissant une bipolarisation, il est évident que l'Occident s'exécute chaque fois. Seulement, en 1990, l'on assiste à la chute du mur de Berlin et à l'éclatement de l'URSS. Les Occidentaux changent de discours, car la guerre froide n'est plus de mise. Koyaga qui n'est pas au courant des différents bouleversements du monde extérieur cherche à diaboliser ceux qui font des revendications. Ces individus ayant connu toutes sortes de frustrations utilisent des tracts pour fustiger les agissements du régime. Les soulèvements sont généralement suivis par des confrontations régulières avec les forces de l'ordre :

Les déscolarisés viennent se joindre aux piquets de grève pour interdire l'entrée des ateliers et des bureaux aux non-grévistes. La police, la gendarmerie et l'armée interviennent pour faire respecter le droit au travail. Toute la matinée, collisions, échauffourées et escarmouches se produisent entre forces de l'ordre, grévistes et déscolarisés. La confusion est générale. Les déscolarisés lancent des pierres, pillent, incendient, détruisent. Les forces de l'ordre interviennent d'abord en tirant en l'air. Mais des gendarmes sont blessés et tués. Pour se dégager, les forces de l'ordre utilisent des balles réelles (VBS, 331).

La réalité des problèmes rattrape les prestidigitateurs que sont les chefs d'état. Aucun fétiche, aucune magie, aucun sacrifice ne fonctionne à partir du moment où l'argent disparaît. La prétendue efficacité des fétiches, ou le pouvoir des dictateurs repose en réalité sur un système prébendier qui finit par détruire l'économie et jeter les gens dans la rue. Ces dictateurs qui croyaient eux aussi à la puissance de leurs féticheurs et marabouts sont surpris par la révolte qui gronde dans la rue. Ils n'ont pas compris que le fétichisme relève de l'incongruité et d'un anachronisme destructeur. Les grèves et les mouvements de contestation s'amplifient dans le pays avec pour objectifs la revendication d'une meilleure gestion des biens publics, et d'une meilleure répartition des richesses du pays.

Koyaga, par un baroud d'honneur profite de la confusion pour essayer de faire passer les grévistes pour des individus à la solde des communistes. En effet l'étiquette de ‘‘rouge’’, à une certaine époque, menait droit au cachot, à la mort. Et Koyaga sait que le monde occidental et plus particulièrement le bloc capitaliste ne lésine sur aucun moyen pour, sinon faire disparaître le péril rouge, du moins le contenir. Cependant comme nous l'avons dit, les données de l'ordre international ont changé : « Ce fut vain : il n'y eut aucune réaction, aucun écho. La guerre froide était morte, bien finie. Les ambassadeurs se contentèrent de vous le rappeler. Comme ceux de Ramsès II, d'Alexandre le Grand et de Soundiata, tous les régimes finissent par s'en aller. Le mur de Berlin s'était écroulé ainsi que le monde communiste. La guerre froide s'en était allée » (VBS, 330).

Le dictateur ayant pour totem le faucon, le tombeur de Fricassa Santos se trouve dans une situation très inconfortable. D'un côté l'État a tellement décaissé qu'il n'arrive plus à payer les salaires tandis que de l'autre, les nations occidentales deviennent inflexibles sur l'aide à accorder. L'aide devient conditionnée par l'obligation, de la part des États africains, de choisir la démocratie et surtout de se plier aux différents plans d'ajustements structurels imposés par les institutions financières internationales. Les Français utilisent cette raison pour suspendre l'aide aux pays de l'Afrique :

A la Baule au cours d'un sommet des chefs d'État, le président de la République française, le président Mitterrand, a recommandé aux chefs des États africains de changer de politique, de cesser d'être des dictateurs pour devenir des démocrates angéliques. La France a utilisé cette déclaration comme prétexte pour arrêter de régler automatiquement les émoluments des fonctionnaires des dictateurs francophones dont les Trésors publics sont en cessation de paiement. La France exige du dictateur qu'il signe au préalable un PAS[1] avec le FMI (VBS, 323).

Avec ces mesures drastiques, l'État connaît une strangulation financière. Nul n'échappe à cette bourrasque, d'où l'implosion sociale qui s'en suit. Les fonctionnaires et les salariés d'entreprises descendent dans la rue pour manifester. Les déscolarisés ne sont pas en reste. Et, ce sont eux qui enveniment la situation quand commence à souffler le vent de la démocratie :

La crise s'aggrava [...] C'est ce monde hétéroclite et mûri par les épreuves, les injustices et les mensonges qui [...] prit en charge le destin de la République du Golfe et de toute la vieille Afrique, berceau de l'humanité. Les déscolarisés sont des besogneux prêts à tout et à tout faire. Sans morale ou principes [...]. Ce sont eux les pickpockets [...]. Eux qui braquent et assassinent (VBS, 326-327).

Les soulèvements et bouleversements de toutes sortes vont conduire immanquablement à une nouvelle donne sociale. C'est un climat de tension et de confusion qui fait place à l'équilibre précaire que connaissait déjà cette société. Les individus se livrent à des actes de vandalisme en pillant et en saccageant tout sur leur passage. Un vent

1. Programme d'ajustement structurel.

de folie collective, qui n'a d'égale que les images apocalyptiques, souffle sur le pays :

La fureur destructrice des déscolarisés [...] s'était attaquée aux maternités de la maman et aux fontaines de Bokano. Les bilakoros (les déscolarisés) arrivaient devant une maternité, y pénétraient, sortaient les lits avec les mères et les bébés, pillaient l'établissement avant d'y mettre le feu. Les fontaines étaient systématiquement saccagées, anéanties [...]. Les écoliers s'en prirent à leurs bancs, leurs tableaux noirs, leurs classes et leurs maîtres. Des lépreux violèrent les religieuses qui les soignaient (VBS, 335).

Les individus, conscients des changements apportés par le vent de la démocratie se bousculent pour créer des partis politiques. C'est pourquoi l'assemblée constituée par les élus choisis par Koyaga est obligée de mettre les dossiers du multipartisme et du multisyndicalisme à l'ordre du jour : « La session extraordinaire, exceptionnelle et urgente de l'assemblée nationale avait été convoquée pour examiner les projets de loi sur le multipartisme et le multisyndicalisme. Depuis deux semaines, la session se poursuivait sans désemparer » (VBS, 328). La pression du peuple est tellement forte que le président est obligé de céder à sa demande ultime qui est l'organisation de la conférence nationale.

2- Le théâtre des conférences nationales

L'organisation d'une conférence nationale répond pour les insurgés à la volonté de balayer le système en place et d'instituer un ordre nouveau. Il s'agit de repenser tout le gouvernement et d'adopter des solutions d'urgence. C'est pourquoi ceux qui revendiquent ont à cœur de constituer une ligue qui a pour but d'infléchir la position du dictateur Koyaga : « Les représentants de cette nouvelle organisation sont conduits au palais. Les discussions s'engagent avec le Président. Les autorités religieuses servent de médiateurs. L'accord est obtenu sur la dissolution de l'assemblée nationale et la convocation d'une conférence nationale » (VBS, 334). Les opposants du régime en place pensent pouvoir instaurer une société d'égalité, de liberté et de droit ; ainsi, les années antérieures ne seront plus qu'un mauvais souvenir de l'histoire. Pour les opposants, la dénomination même de la conférence est déjà en soi une victoire : « La décision de la Conférence de se proclamer, se qualifier de souveraine et nationale fut considérée comme un événement d'une grande portée. Il fallait la fêter et, pour la célébrer, on fit entrer un orchestre dans la salle des martyrs et les participants jerkèrent, twistèrent tout un après-midi » (VBS, 339).

Il s'agit pour les conférenciers de dénoncer les abus de toutes sortes subis par le peuple depuis des décennies, de déposer le gouvernement en place. En somme, ils veulent exorciser les démons d'antan. Koyaga, comme nous l'avons constaté, ne rate pas une occasion pour faire porter son nom aux différents bâtiments, monuments, routes. Le problème sera soulevé à la conférence nationale :

La première question importante qui se posa à la conférence fut de débaptiser et d'attribuer de nouvelles appellations à l'hôtel et à la salle où se déroulaient les travaux. Après deux jours et deux nuits de bruyantes discussions, l'accord put être obtenu sur le nom à donner à la salle de la réunion – « salle des martyrs » ; mais pas sur celui de l'hôtel. Les travaux se poursuivirent dans un hôtel sans nom (VBS, 358).

L'exorcisme social devient le but même de la conférence nationale souveraine. L'on veut repartir sur de nouvelles bases qui prennent en compte les intérêts de tous ; et surtout, les conférenciers veulent extirper tout le mal créé par les manipulations mystiques de Nadjouma et Bokano : « Elle [la conférence] se donna pour mission de faire le procès de trente années de dictature et d'assassinats. Exorciser le pays, ses hommes, ses animaux, ses choses, tous ensorcelés et envoûtés par Nadjouma et sa météorite, par Bokano et son Coran. Elle voulait construire un nouveau pays sur un nouveau socle. Un socle ferme, propre et sain » (VBS, 342).

Il est évident que ce sont des ambitions nobles qui animent ceux qui se révoltent contre l'Ordre du régime de Koyaga. Le pays a tellement subi les affres de la dictature qu'il y a lieu de tout recommencer, de tout recréer, de rentrer dans une sorte d'*incipit vita nova*.

Mais il est intéressant de noter que le premier travail des représentants à la Conférence se fait sur le mode magico-religieux : il faut exorciser le pays qui a été envoûté par les sortilèges de Nadjouma et de Bokano. Ce travail sur l'imaginaire collectif montre que même les membres de la Conférence croient à la réalité des pouvoirs magiques de ces deux personnages.

Parallèlement, ils ne manqueront pas d'étaler sur la place publique tous les crimes et les prévarications causées par le pouvoir en place : « On commença par les témoignages. Les assassinats, exactions, dépouillages et prévarications qui avaient été réellement perpétrés par le dictateur pendant son règne sans partage de trois dizaines d'années » (VBS, 342). Pour que les faits soient véritablement établis, les interventions qui doivent durer une demi-heure passent à trois heures. Seulement, ces révélations vont connaître des dérives. Malgré la volonté des participants de dire toute la vérité, certaines personnes trouvent là l'occasion de se donner quelque importance. En fait, c'est une sorte de revanche qu'ils veulent prendre sur le régime dictatorial, même si c'est au prix des mensonges les plus invraisemblables :

Rapidement, les intervenants habillèrent de vraisemblance les calomnies, fables et mystifications que pendant des mois les tracts avaient fait circuler dans les rues. Tout cela ne suffisait pas. Il fallait à chaque intervenant, pour soutenir l'intérêt de la salle, inventer de nouvelles révélations. [...] Les suivants, toujours pour soutenir l'attention de l'auditoire, diabolisèrent encore plus le dictateur : ils l'accusèrent d'anthropophagie et le démontrèrent. Par sorcellerie ou pour des motifs rituels - augmenter sa force vitale -, il consommait chaque jour à ses petits déjeuners les testicules rôtis des opposants morts. C'étaient des affabulations qui dépassaient l'entendement, le vraisemblable (VBS, 343).

A ce niveau, il est aisé d'établir que la conférence commence à connaître des dérapages. Les objectifs nobles qu'elle avait au début sont dévoyés au profit des instincts bassement égoïstes et de l'ostentation. C'est ainsi que la conférence va peu à peu perdre son importance au vu du comportement des observateurs lors des révélations fracassantes qui ont été faites : « Elles lassèrent et laissèrent la presse nationale et internationale sceptique. Il faut savoir s'arrêter. Quand on dit que l'anus de l'hyène sent mauvais, on a tout dit. Rien ne peut être plus pourri que l'anus de cet animal. En rajouter n'apporte rien » (VBS, 343).

La conférence nationale atteindra partiellement son but. Après les dénonciations de toutes sortes, mêlant vérités et affabulations, le pouvoir en place est déchu car les participants veulent effacer un passé fait d'horreurs : « A une majorité écrasante - trois cent douze pour, trente abstentions et quatorze contre, la conférence nationale souveraine à l'issue de la séance du dimanche 6 décida de la déchéance, la destitution du dictateur. Les délégués, debout, par des applaudissements et des hourras nourris, saluèrent la résolution » (VBS, 343).

Il faut remarquer que bien avant les témoignages qui font perdre à la conférence une grande partie de sa crédibilité, un certain nombre d'indices constituent déjà les signes annonçant des dérapages. Il se pose le délicat problème de la représentativité des masses. Nous avons mentionné l'importance des insurgés dans les mouvements insurrectionnels qui ont contribué à infléchir les positions du gouvernement.

Les difficultés se présentent lorsqu'il faut choisir ceux qui vont être les porte-parole du peuple. Les exilés revenus au pays pensent qu'ils sont à même de représenter les populations. L'amnistie générale votée leur a permis de revenir au pays et de s'investir pleinement dans la conférence et même d'en faire leur affaire. Et ces derniers pensent être pleinement dans leurs droits. L'explication se trouve dans l'histoire de la République du Golfe. A l'époque coloniale, les Blancs vont au Brésil racheter des esclaves qui ont été christianisés. Cette pratique poursuit un but précis : « Ces affranchis christianisés devaient servir de modèles aux Nègres nus, anthropophages et imbéciles. Ils devaient encadrer leurs frères de race sauvage, leur apprendre à planter des cocotiers, à creuser des mines, à adorer le Saint-Esprit et à se signer » (VBS, 339-340). Seulement, ces affranchis ne voudront pas jouer le rôle de pionniers. Ils veulent plutôt continuer la traite négrière qui, pour eux, est plus rentable que toute autre activité. Pour mettre les terres en valeur, les colons sont obligés de faire la conquête, de pacifier. Mais les affranchis se retrouvent dans une situation singulière. N'étant pas indigènes, ils ne peuvent être soumis à toutes les lois qui prévalent dans la colonie. Cette situation sera à leur avantage :

> Les affranchis qui étaient chrétiens ne pouvaient pas être considérés comme des indigènes ; ils furent exemptés des corvées du travail forcé. Leurs enfants furent admis à l'école et à l'église. Ces enfants devinrent les premiers Nègres lettrés du pays. Des Nègres évolués qui, naturellement constituèrent la classe intermédiaire entre le Blanc chrétien civilisé et le nègre nu, sauvage et imbécile (VBS, 340).

Il est évident que lorsque les colons s'en vont, ce sont ces affranchis qui prennent les rênes du pouvoir avec bien sûr, la mentalité des anciens maîtres. Mais, quand Koyaga devient président de la République, ces derniers s'exilent. En effet, le dictateur prend des mesures drastiques allant jusqu'à l'élimination physique pour contenir ces affranchis. C'est ce qui explique les putschs que connaît régulièrement le régime :

> Les descendants des affranchis n'acceptèrent jamais la défaite, ne s'estimèrent jamais vaincus et les trente années d'indépendance du pays furent trente années de continuelle lutte entre les descendants des indigènes (avec à leur tête, le Guide suprême) et les descendants des affranchis. Sans relâche les descendants des affranchis s'attaquèrent au pouvoir dictatorial, corrompu et sanguinaire du chasseur émasculateur des hommes et des animaux (VBS, 340-341).

Lorsque s'effondre le bloc communiste et que les nations occidentales changent de discours, ces individus chassés en d'autres temps envahissent systématiquement tous les domaines dans leur pays d'origine. Ils créent des associations sportives, professionnelles, philanthropiques qui, peu à peu, commencent à conquérir le terrain perdu jadis. Ces associations ont une part active dans l'insurrection qui va bouleverser le pays ; elles initient les tracts qui inondent les rues. C'est pourquoi les affranchis se sentent particulièrement concernés par la conférence nationale souveraine : « La conséquence fut que la majorité, la grande majorité des participants à la conférence nationale souveraine était constituée de cadres nègres de nationalité française vivant en France et ayant tous leurs biens et familles en France. Des étrangers, des personnes extrinsèques aux hommes et aux mœurs du pays et de l'Afrique » (VBS, 341). Lesdits cadres vont récupérer la conférence en assurant pouvoir représenter valablement toutes les ethnies et les régions de la République du Golfe. Parce qu'ayant vécu l'exil au plus profond de leurs chairs, ils affirment être imprégnés des réalités du pays : « Ils rétorquèrent que, pendant leur long exil, ils avaient nuit et jour vécu avec ces réalités et étaient farcis, bourrés d'humanisme et d'universalisme, donc capables de tout pénétrer, de comprendre toute l'Afrique [...]. Péremptoires et sûrs d'eux-mêmes, Ils s'accréditèrent entre eux. On compta jusqu'à trois délégués-députés dans la même famille : le père, la mère et le fils » (VBS, 341-342).

Nous voyons ici la création d'une figure collective du Messie. Un groupe d'individus s'érige en sauveur de la masse. Curieusement, ce groupe reproduit le favoritisme et la concussion dont il accusait le régime de Koyaga. Une évidence s'impose au vu de tout ceci. Les délégués ne tiennent pas compte des intérêts de la masse. Les déscolarisés, au lendemain de la révolte populaire émettent certaines revendications. Leur principal objectif est de réinstaurer le système d'aide scolaire que le pays a connu sous la colonisation. La mesure permettrait aux enfants défavorisés d'être pris en charge par l'État au niveau scolaire. Mais, ces doléances et bien d'autres passeront inaperçues car les délégués sont maîtres de tout : « La lutte, l'insurrection n'avaient profité qu'aux délégués, aux garçons de course et aux miliciens ; somme toute une minorité, une poignée de bilakoros. Les autres, les centaines ou milliers d'autres déscolarisés continuaient à se débrouiller comme ils pouvaient dans les rues et dans les marchés » (VBS, 345). En clair, ceux qui sont supposés défendre les intérêts du peuple ne sont qu'une bande d'opportunistes qui profitent de l'anomie sociale. La priorité est de s'enrichir à travers cette conférence nationale. Et ils y parviennent car les indemnités qu'ils se fixent pour le déroulement de la conférence n'est que le reflet fidèle de leur cupidité :

Ils n'avaient d'abord pensé qu'à eux, à leur confort. Ils étaient français, avaient le niveau de vie des développés. Ils se fixèrent, en tant que membres de l'assemblée provisoire, des indemnités d'européens : soixante mille francs par jour. Dans un pays où le SMIG mensuel était plafonné à trente mille francs et la solde à vingt mille ! […] Les moult prolongations de la conférence nationale souveraine apparurent pour tous les citoyens comme de la combine, de la magouille pour continuer à se mouiller la barbe (VBS, 344).

Nous constatons que ceux qui apparaissent au début comme l'incarnation de la justice, du bien, deviennent eux aussi des loups affamés. Le combat contre la corruption, l'enrichissement illicite se mue en une reproduction pure et simple de l'ancien système. Les délégués réinstallent l'État prébendier d'autrefois en redistribuant - bien que parcimonieusement - les sommes volées sous le couvert de la conférence : « Les délégués des déscolarisés, bilakoros avec les soixante mille de per diem s'étaient trouvés riches, trop riches du jour au lendemain. Ils n'avaient consenti par solidarité de rétrocéder à leurs mandants qu'une avaricieuse partie de leur manne » (VBS, 344-345). Il y a lieu de remarquer que ceux qui veulent installer une nouvelle donne sociale ne font qu'assurer la continuité du régime précédent suivant une même logique ; Ils pérennisent la même gestion du pouvoir en réinstallant justement les maux qu'ils étaient censés combattre. L'on peut y voir les justifications de l'échec des conférences nationales souveraines organisées un peu partout en Afrique dans les années 1990.

De manière synthétique, nous constatons que les individus qui veulent diriger le pays sont presque des étrangers sur leur terroir. Dans la plupart des cas, ce sont des citoyens français. Autrement dit, ils savent qu'ils n'ont rien à perdre mais beaucoup à gagner dans leur pays d'origine. La récupération de l'action des autres n'est pour eux qu'un moyen de s'enrichir et de réinstaller un système qui ne profite qu'à eux seuls. Le peuple qui a mis tous ses espoirs sur eux continue à subir les effets pervers d'une paupérisation qui va grandissante.

La situation installée par les bouleversements sociaux complique davantage les conditions de vie du peuple. Le niveau de vie s'est tellement détérioré et fragilisé que beaucoup préfèrent reprendre leurs anciennes activités, vu que la conférence n'a pas comblé les attentes :

Et la nouvelle situation était que les marchés et les rues - avec les interminables grèves et le désordre social - étaient devenus difficiles, radins, sans cœur pour les enfants de la rue. Ce qui avait obligé certains, pour ne pas crever de faim, de rejoindre les places qu'ils occupaient, avant l'insurrection, sur les trottoirs des rues conduisant à votre résidence privée [celle de Koyaga] de Guide suprême, de dictateur riche (VBS, 345).

Koyaga profitera de la tourmente et du chaos pour redorer son blason. En effet, par ces temps d'anomie, le dictateur prend la figure du Sauveur, du Père qui n'oublie pas ses enfants malgré la faute commise : « On a informé toute la ville de vos largesses. Des centaines de déscolarisés affamés s'étaient rués vers les trottoirs des rues conduisant à la résidence privée du dictateur. A ces centaines s'étaient joints tous les chômeurs que les grèves et le désordre social avaient chassés de leur emploi » (VBS, 345). Koyaga agit par calcul froid. Il sait pertinemment qu'une tribu d'hommes affamés est prête à encenser le premier venu, du moment où les gens peuvent manger et boire à satiété. Or Koyaga est riche. Et dans ce genre de situation, l'argent devient source d'un pouvoir incomparable. Dans ce contexte de paupérisation généralisée, il est donc assez facile d'imaginer avec quelle ferveur Koyaga est accueilli à chaque passage : « Les gens guettaient votre arrivée. Ils applaudissaient bruyamment et vous accueillaient avec des slogans dès que votre cortège passait. Vous les arrosiez de pièces et parfois même de billets de cinq cents francs. Ils chantaient vos éloges et dansaient longtemps après que vous aviez disparu » (VBS, 345).

L'argent devient le nouveau fétiche qui permet à Koyaga de reproduire l'image du nouvel homme providentiel. Les pièces de monnaies que Koyaga jette à la foule sont les éléments d'un nouveau fétichisme qui captive des individus déjà en proie à une misère indicible. Malheureusement, les conférences nationales n'ont rien résolu.

En effet, les acteurs des conférences nationales n'apportent rien de nouveau, et c'est pourquoi la plupart de ces conférences ont déçu. Elles ont plutôt accentué la tourmente dans laquelle les Africains se trouvaient déjà. C'est ainsi que beaucoup de pays africains seront plongés dans une crise économique sans précédent à partir de 1990. L'exorcisation du mal profond que connaissent les pays reste utérine et est noyée par des intérêts égoïstes. C'est pourquoi Koyaga, peu à peu, va commencer à s'adapter à la nouvelle tendance sociale.

B- LE FÉTICHISME ET LA RÉALITÉ

En Attendant le Vote des Bêtes Sauvages d'Ahmadou Kourouma présente l'irruption d'un nouveau type de discours dans les sphères politiques africaines dans les années 1990. Le texte de par sa structure épouse les objectifs poursuivis par ceux qui racontent l'histoire, à savoir purifier Koyaga. En fait, il s'agit de tout dire, de tout avouer afin de repartir sur de nouvelles bases, de recommencer l'Histoire. En somme, une exorcisation des maux créés par les pratiques magico-religieuses et une dictature froide.

1. La reproduction et les métamorphoses de l'imaginaire fétichiste

L'œuvre d'Ahmadou Kourouma est une fresque littéraire qui, à travers certains indices renvoie explicitement à une réalité africaine. Comme nous l'avons déjà vu, les romans évoquent abondamment les pratiques magico-religieuses. Ceux qui ont le pouvoir ont toujours des marabouts, devins et féticheurs pour déjouer tout complot, consolider leur puissance et asseoir définitivement leur primauté sur le peuple. La consultation des marabouts ne se fait pas seulement au niveau de la sphère du pouvoir. Tous ceux qui recherchent un quelconque bonheur ont systématiquement recours aux services des personnages considérés comme des êtres à part. Ce sont des pratiques qui sont très courantes dans les sociétés africaines, si l'on s'en tient à ce que Jean Baptiste Koli dit dans un dossier consacré au Bénin : « Les Béninois passent l'essentiel de leur temps à ruser avec les sortilèges. Certains ne sortent de leur maison, le matin, qu'après avoir tourné à trois reprises sur eux-mêmes : ils espèrent ainsi placer leur journée sous de bons auspices. Les ministres et les fonctionnaires procèdent soigneusement au "déminage" de leurs bureaux avant de s'y installer » (Koli, 2001 : 58).

Dans cette société, les gens usent tellement de pratiques magico-religieuses que le visible et l'invisible se côtoient sans que quiconque soit gêné. La situation est d'autant plus frappante que même dans les plus hautes instances de décision, la croyance aux fétiches est une réalité.

Fama a été aveugle, croyant que les fétiches et les pratiques magico-religieuses pourraient résoudre ses problèmes. Pour avoir un poste de Secrétaire Général d'une sous-section ou de directeur de coopérative, il n'a pas hésité à recourir aux marabouts : « Que n'a-t-il pas fait pour être coopté ? Prier Allah nuit et jour, tuer des sacrifices de toutes sortes, même un chat noir dans un puits ; et ça se justifiait ! Les deux plus viandés et gras morceaux des Indépendances sont sûrement le secrétariat général et la direction d'une coopérative… » (SDI, 23). Seulement, son aveuglement est tel qu'il a oublié les éléments objectifs de sa disqualification par rapport aux procédures d'insertion dans le nouveau système post-indépendant. Il n'a pas compris que quel que soit le secteur, et même au bas de l'échelle, rentrer dans le nouveau système institutionnel requiert un minimum d'alphabétisation dans l'école de type occidental léguée par l'ancien colon. Les normes de réussite dans la nouvelle société exigent beaucoup plus la mise en œuvre de l'intelligence et l'action, au lieu d'attendre que les fétiches agissent à la place de l'individu.

Mais il faut noter que le fait magico-religieux ne disparaît pas totalement de la sphère sociopolitique, par rapport à celles et ceux qui veulent remplacer les dictateurs. Les pouvoirs de type moyenâgeux basés sur le fétichisme ressurgissent à travers les comportements de ceux qui vont animer la Conférence nationale au pays de Koyaga. En effet, dans *En Attendant le Vote des Bêtes Sauvages*, les conférenciers prêtent serment en référence à des croyances les plus diverses : « Pour marquer la solennité de la rencontre et s'assurer de la sincérité de tous, les participants prêtèrent serment. Les uns le firent sur les mânes des ancêtres et les autres sur le Coran ou la Bible. Koyaga prêta serment sur les mânes des ancêtres, le Coran et la Bible…On est toujours plus sincère quand on prend à témoin plusieurs au lieu d'un seul dieu » (VBS, 107). A vrai dire, Koyaga ne croit en aucune divinité si ce n'est en lui-même. Ceci rappelle des faits qui se sont déroulés au Bénin[5].

---

5. Pour ce qui est du cas du Bénin, pays par excellence du vaudou, même le Président est tenu d'afficher clairement ses croyances religieuses. A ce propos, l'invalidation de la prestation de serment du président Mathieu Kérékou par la Cour Constitutionnelle le 04 avril 1996 est assez édifiante. En effet, « elle n'a pas hésité à annuler la prestation de serment du président Kérékou. Prosélyte protestant, celui-ci avait volontairement omis de mentionner, au cours de sa

Il est important de souligner que l'observation des croyances traditionnelles permet de comprendre pourquoi les individus agissent ainsi. En effet, en Afrique, la tradition fait revivre des pratiques séculaires qui se prolongent et se maintiennent dans les sociétés contemporaines. Elle a tellement d'influence que les individus en arrivent à faire corps avec elle. A ce niveau, la tradition est si forte que les hommes sont obligés de composer avec la modernité. Cette croyance étant une réalité, l'on ne devrait donc pas s'étonner que les hommes politiques investissent le domaine du paranormal. Séverin Cécile Abéga pose le problème avec pertinence. Partant du fait que le Président Paul Biya lui-même avait été soumis à des rites traditionnels lors de son accession à la magistrature, il tente de comprendre l'influence que l'invisible, le mythe a sur les camerounais :

Car le président de la République a été soumis, ici et là, à travers le pays, à des rituels d'intronisation organisés spontanément à l'époque où il était en grâce. L'investissement des hommes politiques dans le sacré n'est pas inutile, et ces récits nous aident à comprendre pourquoi tel ministre se fait tremper dans le fleuve tout emmailloté de guirlandes de plantes dites sacrées, pourquoi il se fait remettre chasse-mouche et bonnet rouge par les ancêtres et les initiés. […] Mais, la tradition, on l'a vu ici, est sans cesse reformulée. Elle devient donc une véritable idéologie, de même que la modernité. Ces deux termes représentent alors des registres dans lesquels on puise selon les besoins, selon le public cible (Abéga, 1998 : 95).

---

déclaration, "les mânes des ancêtres", comme la Constitution lui en fait obligation. Il a été contraint par les juges de prêter serment une seconde fois » (Koli, 2001, 60).

A partir du moment où la tradition se mue en idéologie, l'on comprend aisément la mystification dont les populations sont l'objet.

Il faut aussi noter que les différentes croyances ne vont jamais sans un certain nombre de conséquences qui, dans la plupart des cas sont négatives. Dans les œuvres d'Ahmadou Kourouma, les pratiques magico-religieuses plongent les individus dans l'aveuglement le plus total. Les rois, les présidents, grâce à leur intelligence mettent en place des mécanismes comme la répression, le culte de la personnalité qui suscitent crainte et terreur chez les citoyens. Lorsqu'à cela s'ajoutent les mythes de toutes sortes et les pratiques relevant du maraboutisme, la situation empire davantage. Les dictateurs, comme nous l'avons analysé, distillent des histoires mythiques et mystiques, les faisant passer pour des êtres supérieurs, des messies. Seulement, ces pratiques empêchent toute réflexion critique de la part des individus qui subissent les différents matraquages accompagnant généralement ces discours. Il y a même lieu, à ce niveau, d'ajouter que les citoyens eux aussi sont englués dans l'irrationnel. L'on comprend pourquoi les discours du régime sont facilement acceptés par les masses. Là se trouve l'une des justifications des problèmes rencontrés dans les sociétés africaines. Parfois, au lieu d'utiliser la raison pour analyser, comprendre et gérer certains faits, les hommes préfèrent se réfugier chez les devins, les marabouts. C'est d'ailleurs la remarque que fait Laburthe-Tolra :

En Afrique [...], il semble que la magie et les autres manifestations des sciences occultes aient joué un rôle néfaste, ne serait-ce qu'en orientant l'activité des hommes capables vers les domaines du fantastique et de l'imaginaire, en les détournant de l'efficacité réelle que seules procurent la technique et la raison ; les prodiges ont pour effet d'entretenir dans le peuple la crainte et l'ignorance ; le recours habituel au devin a pour résultat de paralyser l'exercice et l'éducation de la liberté individuelle, puisqu'on n'assume jamais la responsabilité d'une décision importante (Laburthe-Tolra, 1995 : 191).

L'on peut même ajouter que les "hommes capables" dont parle Laburthe-Tolra sont peut-être ceux qui sont les plus versés dans ces pratiques magico-religieuses. Aujourd'hui, il n'est pas rare dans les pays africains, d'entendre les rumeurs les plus folles lorsqu'un remaniement ministériel est imminent. Tout comme nous l'avons constaté dans *En Attendant le Vote des Bêtes Sauvages*, les individus utilisent tous les moyens possibles pour conserver leurs postes ou pour accéder à des fonctions plus importantes. Même lorsque ces hauts dignitaires accèdent à des postes de responsabilité plus élevés, il n'est pas rare de les voir rentrer au village pour faire la fête, mais aussi pour y subir des pratiques fétichistes qui ont pour but de les maintenir en poste.

Nous avons dit plus haut que les pratiques magico-religieuses ont des conséquences négatives. Lorsque les hommes se trouvent imprégnés et même conditionnés par les prédictions et autres maraboutages, il y a lieu de remarquer qu'il devient difficile de discerner le vrai du faux. Les individus commencent à se définir par et à travers les manipulations mystiques, même dans certaines situations qui ont des explications plus simples. Dans l'œuvre d'Ahmadou Kourouma, Koyaga échappe à un attentat qui, à bien y regarder se comprend aisément. Un soldat tire sur le président à bout portant. Comme à chaque coup de force manqué, ses pairs africains envoient des émissaires pour s'enquérir de la situation, mais aussi et surtout pour bénéficier de la protection magique de Nadjouma la mère et de Bokano le marabout : « De retour dans leurs pays respectifs, leurs maîtres [des envoyés] confirmèrent que le soldat, avec une balle réelle, avait fait feu à moins de dix mètres. La balle avait effectivement ricoché sur les médailles. Les dictateurs prièrent à leur tour afin que les bénédictions et paroles sacramentelles de la vieille et du marabout soient acceptées par Allah et les mânes des ancêtres. Ils tuèrent des sacrifices » (VBS, 272).

Comme on peut le constater, certaines personnes reconnaissent que ce sont les multiples médailles de Koyaga qui ont sauvé la vie au dictateur. Mais tout le monde s'accorde aussi pour dire que les sourates de Bokano et les pratiques fétichistes de Nadjouma ont dirigé la balle vers les médailles. Il y a lieu d'établir que ce penchant pour l'interprétation mystique des faits évacue complètement le véritable problème qui est l'emprise de l'irrationnel sur le psychisme des individus ; ce qui, par ricochet ne contribue pas à l'épanouissement des citoyens. Et, nous pouvons avancer à la suite de Laburthe-Tolra que les croyances de toutes sortes ont contribué et contribuent encore au sous-développement des pays africains. D'ailleurs Ahmadou Kourouma a une position assez tranchée sur le problème :

Je pense que l'Afrique doit être beaucoup plus rationaliste. Je ne suis pas de ceux qui croient qu'il faut retourner à l'animisme et aux traditions ancestrales. Nous avons trop souffert de ne pas avoir suffisamment pensé. Le seul bien que l'on puisse faire à la jeunesse est de lui dire que personne ne peut résoudre ses problèmes à sa place. La solution, en tout cas, n'est pas de s'en remettre aux marabouts et de faire des sacrifices. Nous devons convertir nos mentalités vers quelque chose qui ressemblerait à l'esprit zen des japonais (Entretien avec Dominique Mataillet, 1994 : 4-5).

L'auteur donne un certain nombre de voies en cinq points qui pourraient permettre aux Africains de prendre en main leur destin. Tout d'abord, ceux-ci doivent se considérer comme étant des hommes libres qui peuvent choisir ceux qui les dirigent et surtout, se départir de la conception divine qu'ils ont du pouvoir. En d'autres termes, les Présidents ne doivent plus être considérés comme des dieux et le pouvoir ne doit plus être entouré de mystères.

Pour Kourouma, « La deuxième étape consiste à se convaincre que la démocratie suppose une majorité et une minorité. Je ne vois pas de pays africain où la minorité accepte que d'autres aient été élus majoritairement. Nulle part non plus, la majorité ne respecte la minorité » (Entretien avec Dominique Mataillet, 1994 : 6).

Le troisième point, c'est d'admettre que l'État n'appartient pas au Président et à son entourage. Donc, faire une œuvre de construction nationale comme les écoles, les routes ne doit pas être pris par les populations comme une faveur du Président de la République, un résultat de sa magnanimité. Une sorte d'opération "main propre" résume le quatrième point. Dans toutes les sphères de l'État, il faut poursuivre tous ceux qui utilisent le pouvoir à des fins personnelles. Et enfin, la cinquième étape concerne la solidarité nationale inhérente à toute démocratie. Le développement d'un pays doit se faire en synergie avec toutes les forces vives de la nation. Pour l'auteur, l'Afrique n'est encore qu'à la première étape.

Bien que les propos de l'auteur soient quelque peu empreints de pessimisme, il faut tout de même reconnaître qu'ils retracent clairement les impératifs que les Africains doivent résoudre s'ils veulent prétendre à un quelconque épanouissement. Vues sous l'angle de l'actualité, les dictatures pures et dures d'hier ont juste changé, surtout avec les concepts des droits de l'homme qui sont brandis à tout bout de champ par différentes organisations internationales ou non gouvernementales. Mais il faut dire que ces autoritarismes ont pris des formes plus subtiles et continuent à exister malgré tout. Dans *En Attendant le Vote des Bêtes Sauvages*, Koyaga se plie aux exigences des pays occidentaux. Ces derniers obligent le dictateur à instaurer la démocratie en République du Golfe. Mais l'homme au totem faucon sait que ce ne sont pas ces exigences qui le feront changer du tout au tout, même pas le donsomana purificateur. C'est même justement après ce récit qu'il pourra retrouver l'essence de son pouvoir et gagner les élections présidentielles qu'il organise : « Quand vous aurez recouvré le Coran et la météorite, vous préparerez les élections présidentielles démocratiques. Des élections au suffrage universel supervisées par une commission nationale indépendante. Vous briguerez un nouveau mandat avec la certitude de triompher, d'être réélu » (VBS, 358).

Nous constatons que le pouvoir de Koyaga ne s'est pas encore départi de son aspect mythique, mystique et sacré. Mais en réalité, ce ne sont ni l'aérolite, ni le Coran qui permettraient à Koyaga de remporter les élections. Il est tout à fait remarquable de constater que c'est lorsque Koyaga fait face à toutes les difficultés du pouvoir, que Bokano et sa maman disparaissent, alors que c'est justement à ce moment qu'ils devraient faire montre de leur pouvoir de protection et de leur toute puissance. Ils ne prévoient de réapparaître que lorsque Koyaga se sera débrouillé à retrouver le pouvoir. Autrement dit, le pouvoir de Koyaga, comme nous l'avons déjà noté, ne doit rien à la magie, mais plutôt à sa capacité à rebondir face aux événements.

Pendant son passage à vide, le dictateur a réussi le tour de force de devenir l'homme du peuple, tandis que les autres se déchirent dans le cadre de la Conférence Nationale. Koyaga, dans ses actes propagandistes fabrique l'image de l'homme qui sait distribuer et donner aux pauvres. Nous disons biens propagandistes, parce qu'il s'agit de pièces et de billets de cinq cents francs qu'il jette aux déscolarisés. A ce niveau, la modicité des sommes qu'il jette à la foule importe peu. Seule la portée de l'acte est importante, parce qu'il frappe l'imagination.

Et ce sont justement, paradoxalement et malheureusement les mêmes personnes qui l'ont mis à l'écart qui le voteront à nouveau. Koyaga est donc un manipulateur qui n'a nullement besoin de fétiches pour subjuguer la foule. Ces fétiches ne sont là que pour donner une onction mystique à un acte froidement réfléchi. Et nous constatons donc que dans le domaine politique comme dans tout autre, la véritable magie ou maraboutisme est la capacité d'un individu à subjuguer l'esprit des foules par des actes et des paroles qui frappent l'imagination individuelle et collective. Ce que comprend bien Serge Hutin quand il écrit : « L'envoûtement, qu'est-ce sinon la subjugation d'une volonté faible par un vouloir fort ? » (Hutin, 1973 : 217).

Si les actes et les discours politiques en Afrique doivent être reconsidérés, il faudrait donc tout d'abord comme le dit Jean-Pierre Sironneau s'opérer une *démythologisation* de la politique ; car dans plusieurs pays, il y a une tendance à transférer les aspirations (la foi), les représentations (mythes) et les comportements (rites) du domaine religieux au domaine politique. Cette opération de démythologisation peut se faire de manière réflexive au niveau politique comme le remarque l'auteur : « La politique se démythise quand elle se rend compte qu'elle n'est qu'une activité relative et contingente, quand elle cesse de se prendre pour l'instance suprême et de polariser des aspirations religieuses » (Sironneau, 1980 : 27). Nous notons donc dans le texte de Kourouma une remythologisation de l'activité politique de Koyaga. Dès lors, on comprend toute l'importance du donsomana dans le parcours de ce personnage. Comme nous l'avons souligné, c'est un récit sacré qui vise à purifier l'individu qui en est l'objet. A travers la parole sacrée, Koyaga devient un autre homme aux yeux du peuple. Il a une personnalité nouvelle et revêt le manteau de sauveur de la République. Cette attitude est déjà visible lorsque le pays est en proie à des bouleversements. Seulement, la largesse dont il fait montre à l'endroit du peuple n'obéit, comme nous venons de le voir, qu'à une logique froide sous-tendue par un calcul politicien, populiste et propagandiste :

Vous vous êtes, vous Koyaga montré à leur égard plus généreux, plus dépensier que vous ne l'aviez jamais été. Leur misère vous avait fendu le cœur. - Ce n'est pas vrai, c'était par calcul, pour les détourner qu'il avait eu de grands gestes. On a informé toute la ville de vos largesses. Des centaines de déscolarisés affamés s'étaient rués vers les trottoirs conduisant à la résidence privée du dictateur (VBS, 345).

Avec la nouvelle donne sociale, Koyaga donne l'impression d'avoir fait corps avec les revendications du peuple, d'être très au fait de leurs problèmes. Mais, ce n'est qu'une façade qui lui permet de pérenniser les maux qu'il a déjà installés. Ici, c'est la déception du peuple qui est à l'origine de cette situation car les attentes n'ont pas été comblées. Les processus de démythologisation et de remythologisation mis en œuvre à ce niveau amènent les populations à transférer leurs aspirations politiques vers des espoirs quasi religieux, puisque Koyaga se transfigure ici en messie. Jean Pierre Sironneau le souligne fort à propos :

En conséquence, non seulement la démythisation du politique est compatible avec une remythologisation éthique et religieuse, mais je dirai qu'elle peut en être la source ; c'est lorsque l'espérance investie dans le changement sociopolitique est déçue que les hommes peuvent alors se tourner (ou revenir) vers une espérance de type religieux qui, elle ne peut être déçue puisqu'elle échappe aux prises de la vérification historique (Sironneau, 1980 : 27).

L'on comprend ainsi pourquoi Koyaga sera reconduit à la magistrature suprême. Pourtant tout le monde sait que c'est lui qui a martyrisé le peuple pendant plusieurs décennies et précipité le pays dans le chaos. Mais après sa purgation, il est métamorphosé selon le peuple. Le bourreau d'hier est accueilli en sauveur puisque ceux qui veulent changer le système n'apportent rien de nouveau. Il y a vraiment lieu à ce niveau de s'interroger sur les espérances des peuples dans *En Attendant le Vote des Bêtes Sauvages*. Ceux-ci se tournent vers les anciens dictateurs comme Koyaga, croyant trouver en la nouvelle face qu'ils présentent le changement. Kourouma dans son roman fustige ainsi la mémoire courte des peuples qui pensent que des anciens tyrans peuvent apporter des solutions à leurs problèmes sociopolitiques. Le roman nous plonge alors dans l'univers cyclique d'un éternel recommencement qui ne prendra sans doute fin qu'avec la mort du guide suprême. C'est par rapport à cet état des choses que l'on peut sûrement trouver la justification de la longévité de certains présidents africains au pouvoir à une époque donnée.

2- L'imposture des marabouts

Lorsque nous analysons les conflits qui s'allument à cause de la recherche effrénée du pouvoir, nous constatons que bon nombre d'entre eux sont alimentés par une croyance anachronique aux fétiches. Si les modus opérandi de ces modes de pensée ont été efficaces à une époque, les croyances en ces éléments deviennent un problème. Nous avons vu comment des féticheurs, des marabouts ou des sorciers négocient leur insertion dans les structures d'un état modernes, alors que ces institutions n'ont même pas prévu leur existence.

C'est ainsi qu'en situation de conflits, les féticheurs et autres marabouts enveniment les conflits en donnant l'illusion de l'invincibilité aux protagonistes de tout bord. C'est ce que nous pouvons voir dans ***Allah n'est pas obligé***. Si Yacouba s'engage dans les guerres tribales au Libéria et en Sierra Leone, c'est d'abord et avant tout pour s'enrichir en profitant de la crédulité et du cynisme des différents protagonistes. Ses agissements et les amulettes qu'il distribue contribuent beaucoup plus à alimenter la flamme de la violence chez tous les acteurs de ces guerres. Les enfants sont les premières victimes de cette imposture. Au cours d'une des nombreuses attaques, le bilan est tout simplement catastrophique : « On releva les morts. Beaucoup de morts. Malgré les fétiches musulmans et chrétiens, quatre enfants-soldats furent disloqués, dispersés par les obus. Ils étaient plus que morts, deux fois morts » (APO, 153). Ils sont ainsi envoyés au massacre, au point que le jeune Birahima se pose des questions, même lorsqu'ils réussissent à investir une place forte adverse : « Moi alors j'ai commencé à ne rien comprendre à ce foutu univers. À ne rien piger à ce bordel de monde. Rien saisir de cette saloperie de société humaine. Tête brûlée avec les fétiches venait de conquérir Niangbo ! C'est vrai ou ce n'est pas vrai, cette saloperie de grigri ? Qui peut me répondre ? Où aller chercher la réponse ? Nulle part. Donc c'est peut-être vrai, le grigri… ou c'est peut-être faux, du bidon, une tricherie tout le long et large de l'Afrique. A faforo (cul de mon père) » (APO, 129). Tête brûlée a tout simplement fait preuve d'une audace folle en attaquant ce village défendu par des gens qui eux, n'étaient pas drogués comme les enfants-soldats. En effet, dans ces guerres tribales, la drogue, et particulièrement le hachisch, est réservé aux enfants-soldats. Les adultes n'en consomment pas.

Le doute qui s'insinue dans l'esprit de Birahima naît du fait qu'il a été confronté à des réalités qui n'ont rien à voir avec l'efficacité supposée d'un gri-gri. Nous voyons ici le dévoiement du statut de marabout que Yacouba opère par ses pratiques. Le marabout en principe fait la promotion de la foi, de la sagesse, du langage de la paix, de l'harmonie, de la réconciliation. C'est pourquoi il est vénéré. Mais comme il s'agit ici d'un imposteur, nous voyons à l'œuvre un individu qui contribue plutôt à envenimer les conflits.

Bokano ne fait pas autre chose en étant le marabout attitré de Koyaga. En effet, le choix qu'il fait de soutenir un dictateur et un être sanguinaire le discrédite, et dévoile ses véritables centres d'intérêts que sont la recherche du lucre et les femmes. Bokano n'a pas les mêmes comportements que son maître. En fabriquant sa légende, il prend soin de faire savoir que le jour de la révélation, il a oublié d'où il vient : « Il eu pour maître un saint uléma, un élu d'Allah connu et respecté dans toute l'Afrique sahélienne […] Mais il ne se souvient plus du nom du pays ni du saint homme. Il les a oublié le jour de la révélation » (VBS, 52-53). Comment un élu peut-il oublier le nom d'un homme dont la réputation est établie dans tout le sahel ? Dans le discours de Bokano, nous voyons poindre les signes de son imposture. Son maître a été un exemple d'humilité, de sagesse et de foi. Il a aussi formé des disciples, les mettant dans des conditions idoines pour leur permettre d'accéder à la révélation divine de leur destinée.

Or nous avons vu que Bokano fait tout pour que ceux qui sont considérés comme ses disciples ne puissent pas se trouver dans des conditions de sérénité, de concentration propice pour entrer en communion avec le divin. Il les emploie à des tâches d'exécution et se charge de leurs prières. Bokano forme alors une confrérie de délateurs, comme nous l'avons déjà vu. Une confrérie à son service, ou plus exactement au service de Koyaga qui renforce ainsi son emprise sur les populations.

Au lieu de continuer l'œuvre de son maître, Bokano se met au service de Koyaga parce qu'il convoite sa mère. Le dictateur, avec un tel appui, se sent invulnérable, et peut continuer à tuer sans état d'âme tous ceux qui se mettent en travers de son chemin.

Yacouba, tout comme Bokano, sont donc des individus qui poussent leurs compatriotes à la violence parfois aveugle, en jouant sur la crédulité de tous ceux qui les consultent. Ils occupent des positions de pouvoir pour mystifier tout le monde, ainsi que le montre Eboussi Boulaga :

A côté de la sottise du grand nombre, il y a la supercherie astucieuse de quelques uns : les sorciers, les devins, les membres des sociétés secrètes, les anciens, tous ceux qui tirent avantage de leur statut, de leurs fonctions pour s'octroyer les privilèges, s'exempter des besognes pénibles et se réserver les bonnes choses de la vie par le moyen de la religion, et des croyances. Beaucoup d'interdits, de tabous et de rites ont une finalité des plus transparentes. Ils sont les instruments de la domination qui abusent de la crédulité générale (Eboussi Boulaga, 1981 : 37-38).

Le désir de s'offrir les bonnes choses de la vie sans efforts, et au prix de l'imposture est bien manifeste chez les deux personnages. Mais à force de trop tirer sur la corde, elle casse. Yacouba sera obligé de fuir, de passer de factions en factions avec la même inopérationnalité. Il est vrai qu'il trouvera toujours quelques justifications pour expliquer l'inefficacité de ses fétiches. Mais Birahima n'est pas dupe lui, qui qualifiait déjà Yacouba d'escroc avant qu'ils n'entrent tous deux dans les zones de guerre.

Lorsque la crise sociopolitique en république du Golfe fait tomber Koyaga, Bokano choisit justement ce moment pour disparaître, laissant Koyaga seul face à son destin. De l'époque coloniale au règne de Koyaga, Bokano s'est donné beaucoup de moyens financiers et matériels, qui lui permettent de disparaître sans laisser de traces. Il emmène du même coup Nadjouma, la mère de Koyaga, qu'il n'a jamais cessé de convoiter, à l'exemple du marabout Abdoulaye qui a fini par subjuguer Salimata.

Yacouba et Bokano disparaissent en laissant derrière eux le chaos, prêts à réapparaître lorsque les conditions d'exploitation des hommes seront plus favorables. C'est justement parce qu'ils veulent se ménager une porte de sortie honorable, et préparer les esprits à son retour que Bokano conditionne Koyaga : « Votre maman et le marabout vous avaient plusieurs fois et depuis longtemps enseigné ce qu'il fallait aussitôt entreprendre le jour que vous les perdriez : faire dire votre geste purificatoire de maître chasseur, votre donsomana cathartique par un sora, un griot des chasseurs et un répondeur » (VBS, 357).

Or Bokano et Nadjouma disparaissent au moment où règne un indescriptible chaos dans la capitale. Des incendies font rage dans la réserve, les paysans saccagent tous les biens de Nadjouma et du marabout. Comment Koyaga pourra-t-il retrouver le Coran et l'aérolithe dans un environnement où tout a été détruit ? Le message de Bokano est clair. Koyaga doit se débrouiller tout seul pour retrouver son pouvoir perdu. Par ailleurs, le Cordoua ne s'y trompe pas lorsqu'il dit que le donsomana risque d'être long : « Tant que Koyaga n'aura pas récupéré le Coran et la météorite, commençons ou recommençons nous aussi le donsomana purificatoire, notre donsomana » (VBS, 357). Ces phrases qui clôturent pratiquement le texte sont suivies d'un dicton demandant de faire preuve de patience. Ce n'est pas de si tôt que Koyaga retrouvera le Coran et la météorite devant le mettre sur les traces de son marabout et de sa mère.

En fin de compte, nous avons affaire à des prestidigitateurs qui allument les flammes de la violence et des conflits qu'ils n'arrivent plus à maîtriser. Au plus fort des troubles, ils changent allègrement de camp au gré de leurs intérêts : c'est le cas de Yacouba. D'autres disparaissent de la circulation, laissant ceux qu'ils ont poussés et encouragés dans la dictature se débrouiller seuls : c'est le cas de Bokano.

CONCLUSION

L'analyse du magique, du sorcier en rapport avec le pouvoir politique reste encore complexe, surtout en Afrique. Au début de cet ouvrage, nous nous sommes demandé dans quelle mesure l'on peut parler des pratiques magico-religieuses dans l'exercice du pouvoir politique à travers les textes d'Ahmadou Kourouma. Nous avons constaté que les personnages de ses romans utilisent des croyances, des pratiques et des rituels de toutes sortes pour accéder au pouvoir et l'exercer. La floraison d'une catégorie précise d'adjuvants chargés de manipuler les forces mystiques sont là pour aider les hommes de pouvoir à se fabriquer une réputation. Il s'agit des marabouts, des devins, des féticheurs, et aussi des griots qui sont à leur manière, des subjugueurs.

En outre, les maîtres temporels subissent toujours une initiation, que ce soit au niveau clanique ou à l'échelle politique. C'est ainsi que nous avons analysé le parcours des détenteurs du pouvoir dans les différentes œuvres. Nous avons pu établir qu'avec les savoirs acquis, les différents présidents de l'œuvre installent une dictature féroce et cannibale qui brise toute velléité de revendication. En plus des savoirs mystiques que détiendraient les maîtres temporels, il y a aussi un certain imaginaire qui est mis en place. Les éléments relevant du rêve, du mythe sont savamment exploités par les régimes dictatoriaux. Et nous avons vu qu'à ce niveau, le mythe « a une fonction sociologique de légitimation de l'ordre social. Le mythe sert alors à unifier les croyances d'un groupe, à légitimer le pouvoir des dominants, à assurer l'intégration sociale » (Sironneau, 1980 : 14-15).

Les analyses ont aussi pu établir qu'il y a mise en place des mécanismes tels que le culte de la personnalité qui fait croire que les détenteurs du pouvoir sont omniscients, omniprésents et omnipotents. Ces cultes de la personnalité relèvent d'un processus de mythologisation de l'espace socioculturel et politique qui tend à faire de ces individus des demi-dieux. Plus que les mythes, ce sont des mécanismes de subjugation et de suggestion qui poussent la population à considérer les maîtres comme des dieux, des messies. Bien évidemment, nous avons vu que cela a des conséquences désastreuses sur le psychisme des individus. Nous avons évoqué la sclérose des consciences qui ne permet pas aux citoyens de faire montre de créativité, de renouvellement au niveau de la dynamique sociale.

Avec l'avènement de la démocratie que brosse Kourouma dans *En attendant le vote des bêtes sauvages*, les États subissent des implosions à des degrés divers. Dans ce roman, ces bouleversements mettent à la mode les conférences nationales souveraines. Il a été établi qu'en réalité, ces dernières n'ont véritablement pas comblé les attentes des peuples africains. A travers nos analyses, nous avons vu qu'en République du Golfe, le pays de Koyaga, ceux qui organisent la conférence nationale et qui, à l'origine ont pour objectif d'exorciser le mal qui ronge le pays, ne font que reprendre et entretenir les tares de l'ancien régime. Ainsi, la corruption, l'État prébendier, le trafic d'influence sont remis sur la sellette. C'est l'une des grandes raisons qui explique l'échec de ces conférences.

Par ailleurs, nous avons constaté que les textes deviennent des espaces de prise de parole qui permettent aux personnages de dire véritablement ce qu'ils pensent. Le *donsomana* qui est ici un sous registre du conte privilégie la purification du personnage principal. Cette purification suppose le mea culpa de Koyaga s'il veut reprendre le pouvoir. Tout au long de l'analyse, se sont dessinées les figures qui ont marqué l'histoire de l'Afrique. C'est ainsi qu'à partir des indices et références relevées dans le texte, transparaissent les figures des personnalités comme Mobutu, Sékou Touré, Eyadema, Houphouët Boigny ou encore le Roi Hassan II. L'auteur accentue davantage le procédé dans son dernier roman en date, *Allah n'est pas obligé*. Mais étant dans le registre de la fiction, nous nous en sommes tenus au stade de l'homologie puisque de toutes les manières, l'œuvre littéraire reste une création personnelle de l'auteur avec ce que cela suppose comme modifications, distorsions et objectifs poursuivis. C'est d'ailleurs le problème que soulève Bernard Mouralis : « L'œuvre littéraire n'est jamais reproduction de la réalité mais construction, par l'écrivain, d'un univers fonctionnant selon les préoccupations et l'équation personnelles de ce dernier » (Mouralis, 1985 : 143).

Nous avons établi que les phénomènes magico-religieux dans la gestion du pouvoir politique sont omniprésents dans nos sociétés et qu'il y a lieu d'y réfléchir sérieusement. La fabrication d'un imaginaire magico religieux nocif comporte des risques. Risques de dérive des détenteurs d'un quelconque pouvoir ; sclérose des populations qui ont plus besoin de politiques leur permettant de s'épanouir. La bataille pour le pouvoir symbolique implique nécessairement qu'il faille aussi procéder à une démythification et une démystification de l'espace politique pour que s'opère plus clairement la distance entre pouvoir politique et pratiques magico-religieuses.

La narration des romans d'Ahmadou Kourouma doit être perçue au deuxième degré. Les exploits des marabouts et autres présidents éternels relèvent, après analyse, de la prestidigitation. La flamboyance des romans de Kourouma fait aussi illusion sur le lecteur qui se laisse prendre au mode merveilleux du récit. Il y a à ce niveau une différence entre ce merveilleux et les faits qui se profilent derrière les aventures personnelles des personnages. La réalité du vécu quotidien de Fama dans *Les soleils des indépendances* contredit la dimension imaginaire dans lequel le personnage est resté. Et c'est là que l'on découvre le tragique de la situation de ces personnages qui sont à leur tour piégés par des discours de mythologisation qui les ont finalement convaincus qu'ils sont des dieux. Ainsi, la mystification des foules provoque aussi la mystification des détenteurs du pouvoir. Le cas du roi de Soba illustre la situation. Voilà un homme qui ne possède plus rien, et qui vit dans un imaginaire qui n'a plus de prise sur la réalité. L'imaginaire mystico-religieux qui est le sien l'a figé dans un temps atemporel, et il est incapable d'évoluer avec les cruelles réalités de son milieu. Il s'agit donc d'un homme déphasé. Fama, tout comme lui, sont victimes d'une mystification magico-religieuse qui leur a fait croire qu'ils pouvaient encore être des références.

De manière systématique, la narration des textes d'Ahmadou Kourouma aboutit à l'échec de ceux qui ont la prétention d'utiliser l'irrationnel pour tromper tout le monde. L'effet boomerang de cette entreprise montre bien que certains, parmi les détenteurs du pouvoir eux-mêmes n'ont pas encore intégré la rationalité dans leurs modes de fonctionnement. Pour d'autres, les choses sont différentes. En effet, derrière toutes les procédures de mystification et de mythification se profile une froide logique de conquête et de conservation du pouvoir. Il est évident que cette catégorie de personnages profite de la mentalité magico-religieuse de la grande masse pour s'imposer et perpétrer toutes sortes d'exactions.

Les textes d'Ahmadou Kourouma mettent ainsi en évidence les aspirations fluctuantes que peut avoir le peuple, et l'influence des savoirs magico-religieux sur la gestion du pouvoir et la psychologie des individus. Ce sont des problèmes qui ont déjà été soulevés par les philosophes, les sociologues, etc., mais qui, malheureusement, perdurent de manière insidieuse dans nos sociétés. Beaucoup ont même voulu assimiler le vingt et unième siècle à celui des Lumières c'est-à-dire l'éclosion de la pensée critique. Mais, les problèmes auxquels les pays africains font face et qui contribuent à plonger davantage les hommes dans les pratiques occultes en sont un cinglant démenti. L'œuvre d'Ahmadou Kourouma a ainsi le mérite de jeter un regard cru sur une réalité qui devient de plus en plus préoccupante. La paupérisation grandissante des populations est encore aujourd'hui un facteur qui permet aux prestidigitateurs d'utiliser le peuple comme bétail électoral.

Ahmadou Kourouma nous laisse donc une œuvre qui interpelle tout le monde sur le danger qu'il y a à manipuler aux fins égoïstes les imaginaires socio-religieux des peuples.

RÉFÉRENCES BIBLIOGRAPHIQUES

I- CORPUS

Les Soleils des indépendances, Paris, Le Seuil, 1970.

Monnè, outrages et défis, Paris, Le Seuil, Coll. Point, 1990.

En Attendant le vote des bêtes sauvages, Paris, Le Seuil, 1998.

Allah n'est pas obligé, Paris, Le Seuil, 2000.

II- AUTRES ŒUVRES DE L'AUTEUR

Le Diseur de Vérité, (Théâtre), Paris, Ascoria, 1998.

Yacouba, le Chasseur Africain, Paris, Gallimard, Jeunesse, 1998.

Le Chasseur, Héros Africain, Paris, Ed. Grandir, 1999.

Le Griot, Homme de Paroles, Paris, Ed. Grandir, 1999.

Quand on refuse on dit non, Paris, Le Seuil, 2007.

III- PUBLICATIONS CONSULTÉES

Ansart, Pierre, *Idéologies, conflits et pouvoir*, Paris, PUF, 1977.

------- *Les Idéologies politiques*, Paris, PUF, 1974.

Agendafrique, *Mémoire d'un continent*, Paris, Librairie Larousse-RFI, 1985.

Abéga, Séverin Cécile, « Combats de sorciers et joutes électorales au Cameroun », Cahiers de l'UCAC, in *Violences urbaines au sud du Sahara*, Yaoundé, Presses de l'UCAC, 1998.

Bayard, Jean-François, *L'État en Afrique noire, la politique du ventre*, Paris, Fayard, 1989.

Barthes, Roland, *Le Degré zéro de l'écriture* suivi de *Nouveaux Essais critiques*, Paris, Le Seuil, 1972.

Bergez, Daniel, *Introduction aux méthodes critiques pour l'analyse littéraire*, Paris, Bordas, 1990.

Boudon, Raymond, *L'idéologie ou l'origine des idées*

reçues, Paris, Fayard, coll. "Idées-forces", 1986.

Borgomano, Madeleine, *Ahmadou Kourouma, le guerrier griot*, Paris, L'Harmattan, 1998.

--------- Des *hommes ou des bêtes ? Étude de En Attendant le Vote des Bêtes Sauvages*, Paris, L'Harmattan, 2000.

--------- « La place des Savoirs dans l'œuvre de Kourouma », **Notre Librairie**, n°144, Avril-Juin 2001.

Castéran, Christian, « L'Afrique Primordiale », **Jeune Afrique économie**, n°260 du 16 au 29 mars 1998

Chevrier, Jacques, « *Les Soleils des Indépendances* d'Ahmadou Kourouma, une écriture nouvelle », **Notre Librairie** n°60, Juin-août 1981.

--------- « Présence du mythe dans la littérature africaine », **Notre Librairie** n°144, Avril-juin 2001.

Chitour, Marie-Françoise, « Toute ressemblance avec les personnes ou des événements…», Notre **Librairie** n°81, Octobre-décembre 1985.

Derive, Jean, « L'utilisation de la parole orale traditionnelle dans *Les Soleils des Indépendances* d'A. Kourouma », **L'Afrique littéraire et artistique** n° 54-55.

Deschamps, Hubert, *Les Religions d'Afrique noire*, Paris, PUF, 1965.

Devereux, Georges, *Essais d'ethnopsychiatrie Générale*, Paris, Gallimard, 3è éd. 1977.

EDMA, *La Psychanalyse*, Paris, Charles Henri Favrod, 1975.

Eliade, Mircea, *Le Sacré et le Profane*, Paris, Gallimard, 1977.

---------- *Naissances Mystiques*, Paris, Gallimard, "Les Essais", 1959.

Gengembre, Gérard, *Les Grands Courants de la Critique Littéraire*, Paris, Le Seuil, 1996.
Geslin, Jean Dominique, «Madagascar. Et Dieu dans tout ça ? », **Jeune Afrique l'Intelligent** n° 2148 du 11 au 17 mars 2002.
Goldmann, Lucien, *Pour une sociologie du roman*, Paris, Gallimard, 1964.
Hamon, Philippe, « Pour un statut sémiologique du personnage », *Poétique du récit*, Paris, Le Seuil, 1977.
Hutin, Serge, *L'envoûtement*, Paris, Belfond, 1973.
Jeusse, Marie-Paule, *Les Soleils des indépendances d'Ahmadou Kourouma. Étude critique*. Abidjan, NEA, 1984.
Julien, Nadia, *Grand Dictionnaire des symboles et des mythes*, Alleur (Belgique), Marabout, 1997.
Koli, Jean Baptiste, « L'exception béninoise », **Jeune Afrique l'Intelligent** n° 2035 du 11 au 17 décembre 2001.
Mataillet, Dominique, « Qui êtes-vous Ahmadou Kourouma ? » **Sépia** n° 17, 1994.
Mudimbe, V. Y., *Les Corps glorieux des mots et des êtres*, Paris, L'Harmattan/Présence africaine, 1994.
Mouralis, Bernard, *Littérature et développement*, Paris, Silex, 1985.
Nda, Pierre, *Le Conte africain et l'éducation*, Paris, L'Harmattan, 1984.
Ngandu Nkashama, Pius, *Kourouma et le mythe, une lecture de "Les Soleils des Indépendances"*, Paris, Silex, 1985.
Ombolo, Jean Pierre, *Quand l'homme mangeait de l'Homme*, Yaoundé, Presses Universitaires d'Afrique, 2000.
Patrimoine, « Kourouma,"un indécrottable opposant" » n°

0008, Octobre 2000.
Poupard, Paul, *Dictionnaire des religions*, Paris, PUF, 1984.
Sironneau, Jean Pierre, « Retour du mythe et imaginaire sociopolitique », in *Le Retour du Mythe*, Grenoble, PUG, Bibliothèque de l'imaginaire, 1980.
Simon, Michel, *Comprendre les idéologies*, Lyon, Chronique sociale, coll. "Synthèse", 1978.
Surgy, Albert de, *Nature et fonction des fétiches en Afrique noire,* Paris, L'Harmattan, 1994.
Tadié, Jean Yves, *La Critique littéraire au XXè siècle*, Paris, Belfond, 1987.
Laburthe-Tolra, Philippe, *Initiation africaine : Supplément de Philosophie pour l'Afrique au Sud du Sahara*, inédit, 1955.
Vidal, Jacques, « Totem ou totémisme », in Paul Poupard, *Dictionnaire des religions*, Paris, PUF, 1984.
Vierne, Simone, *Rite, Roman, Initiation*, Grenoble, PUG, 1973.

TABLE DES MATIÈRES

L'HARMATTAN, ITALIA
Via Degli Artisti 15 ; 10124 Torino

L'HARMATTAN HONGRIE
Könyvesbolt ; Kossuth L. u. 14-16
1053 Budapest

L'HARMATTAN BURKINA FASO
Rue 15.167 Route du Pô Patte d'oie
12 BP 226 Ouagadougou 12
(00226) 76 59 79 86

ESPACE L'HARMATTAN KINSHASA
Faculté des Sciences Sociales,
Politiques et Administratives
BP243, KIN XI ; Université de Kinshasa

L'HARMATTAN GUINEE
Almamya Rue KA 028 en face du restaurant le cèdre
OKB agency BP 3470 Conakry
(00224) 60 20 85 08
harmattanguinee@yahoo.fr

L'HARMATTAN COTE D'IVOIRE
M. Etien N'dah Ahmon
Résidence Karl / cité des arts
Abidjan-Cocody 03 BP 1588 Abidjan 03
(00225) 05 77 87 31

L'HARMATTAN MAURITANIE
Espace El Kettab du livre francophone
N° 472 avenue Palais des Congrès
BP 316 Nouakchott
(00222) 63 25 980

L'HARMATTAN CAMEROUN
Immeuble Olympia face à la Camair
BP 11486 Yaoundé
(00237) 99 76 61 66
harmattancam@yahoo.fr

L'HARMATTAN SENEGAL
« Villa Rose », rue de Diourbel X G, Point E
BP 45034 Dakar FANN
(00221) 33 825 98 58 / 77 242 25 08
senharmattan@gmail.com

513976 - Décembre 2012
Achevé d'imprimer par

1livre.com